ソウルを歩く

韓国文化研究はじめの一歩

平田由紀江／山中千恵 編著

関西学院大学出版会

ソウルを歩く——韓国文化研究はじめの一歩

はじめに

韓流ブームをもち出すまでもなく、近年日本における韓国への興味は文化的な領域、特にメディア文化やポピュラー文化と呼ばれるものへ向けられるようになってきた。かつて韓国が日本の人々にとって「近くて遠い国」と言われたこと自体が「遠く」なりつつある。

K-POPやドラマ、映画などを入り口に、大学の学部や大学院で韓国・朝鮮語や韓国文化を学んでみたいと思う人々も増えた。語学学習の人気とともに、文化領域の「解説」が多く求められるようになっている。キムチはいつから辛くなったのか、韓国の男性は軍隊に何年行くのか。そんな素朴な疑問に答えてくれる書籍も多く発行されるようになった。著者の豊富な経験に基づいて書かれたエッセイから、韓国の歴史ドラマを理解するための歴史解説本まで、選択肢は多い。現地の人たちが発信する情報が、ネットニュースやソーシャルメディアから簡単に手に入るようにもなった。さらに、本格的な韓国地域研究の入門書も入手しやすくなった。そこからは、韓国の民俗や家族制度、政治体制、その背景にある歴史をとらえ、韓国社会をいかに読み解いていくのかを学ぶことができるだろう。

しかし同時に、ツイッターを眺めていて、あるいは休みの日に行ったソウル観光で、自分がふと感じたことの背景を誰かに「解説」してもらうだけではなく、自分でもうすこし考えてみたくなったとき、そのぼんやりとした疑問をどうやって「問い」に育て、分析の枠組みを探せばいいのか迷うかもしれない。そんなときに参考になる本があれば……。

実はこれは、編者らが韓国文化や社会に興味をもちはじめたとき、強く感じたことでもある。それからずいぶん時間が経過したが、いまだこうした「はじめの一歩」を手助けしてくれる入門書は多くないように思う。そこで本書が目指したのは、入門書のすこしだけ手前にあるような、文化研究のガイドブックである。

また、これまでの韓国文化の入門書・解説書は、「韓国」という、ともすれば漠然とした範囲を対象とすることが少なくなかった。少し大げさにいえば、場所と結びついて形作られた文化を、意識的に描き出そうとする試みは十分に深められてこなかった。

そこで本書は、従来の「『韓国』文化入門」とは趣向を変え、特定の場所へ著者らが実際に足を運び、そこで彼らが見た風景から考えはじめ、議論を組み立てるというスタイルをとった。各章は、分析に用いる理論の解説、取り上げる場所の歴史や特性の説明、テーマに関連するフィールドワークの結果と考察から構成されている。自分がフィールドを歩き、体験し観察するなか湧き上がってきた疑問に答えるために、どのような情報を集め、どのような理論枠組みや概念を用いればよいのか。各章の論考は、こうした研究プロセスを知るためのサンプルとなっている。フィールドは、観光旅行で訪れる機会が最も多いと思われる、ソウル市内を中心に選択した。加えて、東京にある「新大久保」と「インターネット空間」を「歩いて」みた。

本書で用いた主な理論は、カルチュラル・スタディーズや文化社会学の領域で蓄積されてきたものである。本書を文化研究の入門書として読み、紹介された理論を韓国以外の文化を理解するためのツールとして用いることもできるだろう。

本書を一読したのち、読者には、実際にソウルへ足を運び、論文が扱う場所を歩き、各著者の思考を追体験してもらえたらと思う。そこで、各章の論考とは異なる自分なりのリサーチクエスチョンを発見することになるかもしれない。あるいは同じ視点から、日本のあの場所やほかの国や地域に、この理論や視点を当てはめて考えてみたらどうなるか、と比較研究や他地域・文化研究のアイデアを得ることになるかもしれない。明洞《ミョンドン》、ソウル駅、東大門《トンデムン》市場、仁寺洞《インサドン》、大学路《テハンノ》など、本書では取り上げられなかったソウルの街はまだたくさんある。コラムにはこうしたアイデアの種になりそうな場所を挙げておいた。これを参考にしつつ、自分なら本書の一章をどんなふうに書くだろうか、と考えをめぐらせてみてほしい。そこには、ショッピングやグルメだけではない、ソウルの楽しみ方が、そして文化研究への入り口がある。

山中　千恵

ソウル地図

※本書に登場する主な地名

大学路（恵化駅）
光化門（光化門駅）
西村（景福宮駅）
西大門刑務所歴史館
（独立門駅）
新村（新村駅）
梨泰院（梨泰院駅）
고양시
인천광역시
은평구
종로구
강북구
성북구
서대문구
마포구
강서구
중구
용산구
부천시
양천구
영등포구
동작구
구로구
서초구
관악구
광명시
금천구
안양시

目次

I

街は誰のものか

1 新村《シンチョン》

大学と地域の出会い(1)

李《イ》 泰東《テドン》
[羅 一等 訳]

はじめに

あたりまえのことだが、大学は地域社会の中に位置している。キャンパス空間と建物、その空間を使用する教職員や学生も、大学を取り巻く地域とさまざまな相互作用をする。地域社会は大学生に住居を提供したり、通学路になったり、余暇を楽しむ空間になったりする。高等教育において、地域社会教育を通じて参加型の市民を養成することは、研究と教育の焦点となってきた（Thomson et al. 2011）。しかし、大学と地域社会が乖離していくことへの懸念も存在する。大学は「象牙の塔」として、学内の研究と教育に専念するようになり、地域社会は大学構成員を消費者としてしか見なくなっている（キム・ミンホ 二〇一四）。本章では、大学における政治学の授業を通じて、新村《シンチョン》という地域での大学と地域社会のあいだの溝を埋める方法を模索する。

そして、触れられる（tangible）政治学教育の活性化につながる教育目標、方法論、構造とは何かという問いに対し、実際の授業を例として提示し考察を行う。「マウル（町）学概論」という授業には、政治学教育の根本目的の一つである市民政治教育の一環として、地域社会における政治現象を研究し教育することで大学生の市民政治教育を活性化するという目標がある。〔著者が勤務する――編者注〕延世《ヨンセ》大学校政治外交学科の必修科目「マウル学概論」は、町と地域コミュニティとはどういう場所で、どういう観点から認識することができるのか？　町と地域で行われる政治、経済、社会問題にはどのようなものがあり、誰がどう解決することができるのか？　という問いに答えることで、新村地域はもちろん、ソウル市や韓国、そして世界の町とコミュニティ空間の政治を理解することを目的として開講された授業である。この授業は、地域とコミュニティに関する政治学理論の講義と、大学院生と地域活動家のメンターがともに行うフィールドワークの二つの軸で行われた。フィールドワークは主に西大門《ソデムン》区新村の大学周辺で行われた。学生たちはメンターとともにチームを構成し、都市再生や公共空間の使用、エネルギー・キャンペーン、社会的経済における政治プロセスを理解し、創造的な解決策を模索、発表し、結果を共有した。

本研究の構成は次のとおりである。次節では、市民政治教育に関する国内外の研究を検討し、その分析枠組みに基づいて地域に根ざした市民政治教育の必要性・志向・方法論・活性化構造を提示する。次に、マウル学概論が実際にどのように行われたかを、分析枠組みに基づいて述べる。最後に本章の論点を整理し、制度的、政策的含意を考察する。

地域に根ざした市民政治教育

市民政治教育は「青少年と女性を含むすべての市民に、政治懸案に対する関心を呼び起こし、日常生活と政治イシューを結びつけて生活の中の政治を実践し、積極的な政治参加の動機を与える」教育である（ヤン・ミンソク 二〇一四：四〇八）。ここでの政治懸案とは、国際関係、国内政治のプロセス、選挙のような伝統的な政治テーマだけでなく、さまざまなレベルや分野で市民の生活と密接な関係にある問題を意味する。市民政治教育を通じて、暮らしの問題（日常生活）と政治問題との隔たりを縮め、政治参加の方法と程度を向上させることができる。

地域に根ざした市民政治教育はなぜ必要なのか？　市民政治教育は、地域とコミュニティで起きる政治現象に直接参加して学習する機会を提供する。これは単なるボランティア活動や地域調査レベルの問題ではない。地域は市民政治教育の豊かな場になりうるのである（Thomson et al. 2011）。地域を市民政治教育の場にすることにはいくつかの利点がある。まず、実際に自分が住んでいる、あるいは活動している地域の問題に関する教育を通じて、教育対象と問題との距離を縮めることができる。つまり、他地域や他人の問題ではなく、自分に身近な場所、自分と自分が属する共同体の問題に対する理解を深めることができるのである。市民政治は、市民一人一人を取り巻く環境や流れの理解に基づき、自分の人生と自分が住んでいる地域の問題を認識し、ともに解決する努力からはじまる。さらに、そこで繰り広げられる政治現象を、政治的、社会経済的文脈、そして利害関係者の価値、利害、権力関係から分析する（Ehrlich 1999）。

市民政治教育は、民主市民としての資質涵養、教育の場としての地域活用、共同体への参加の活性化という利点を提供する（シム・イクソプ 二〇〇一）。しかし、授業を開講して教育を行う主体である教授が市民政治教育の必要性を感じないのでは、教育を行うことは容易ではない。そのため、大学教育者の本来の任務である研究・教育・奉仕の共通部分となるような教育目標とカリキュラムを開発してこそ、市民政治教育をはじめることができる。

教育と研究における共通部分の追求は、各領域の質的向上をもたらす（Thomson et al. 2011）。関連理論への深い探求と経験的研究、最新研究動向の共有は、研究がよい授業内容になりうることを示す。とりわけ、研究対象として、あるいは教育の場として地域社会を活用するときに、研究・教育はともに活性化される。地域に根ざした授業活動とその内容は、研究テーマとその内容になりうるからである。

教育・研究の共通部分に地域社会への奉仕を加え、研究・教育・ボランティアの共通部分をみつけることが、地域に根ざした市民政治教育が目指すところである。それにより、地域と大学間のつながりが形成できる。学生たちが地域でフィールドワークを行うことで、地域社会に関心をもつ若者やアイデアが流入される。それは既存の地域政治機構（区庁、区議会、市役所、市議会など）だけでなく、地域の市民社会にも活力を吹き込む。また、教授のボランティア活動の領域を学内ボランティアから地域社会に拡張する意味もある。

自分の政治意思を積極的に表現する機会や場所が多くない消極的政治行為者である学生たちが主体的な政治参加者となるためには、大学生を対象とした市民政治教育が必要である。教室や地域社会の中の学生たちは、講義を聞き、メモを取り、変化を受け入れる受動的な客体にとどまっていることが多い。大学での市民政治教育は、学生が地域社会のさまざまな政治問題に主体として参加し、利害関係者を把握し、彼らと互いに影響を与え合うことからはじまる。生活政治、つまり日常生活と密接なところの政治現象を理解することで、地域と彼らの人生をさらによい方向へ導く方法と意見を提示することができる。市民政治教育は、学生自らの参加が政治的に意味があり、実際に政策決定プロセスに影響を及ぼすことができるという、政治的効能感（Political Efficacy）を感じる機会を作らなければならない（Kahne and Westheimer 2006; Pasek et al. 2008）。

地域に根ざした市民政治教育は、「実践（doing）」を主な教育方法とする。アクション・ラーニング（Action learning）は、実践と現場中心の学習哲学に基づき「アクション」を通じて学習する方法である（チェ・ミョンミン、キム・スンヨン 二〇〇五）。アクション・ラーニングは「小規模の集団が直面する実質的な問題を解決するプロセスの中で学習が行われ、その学習を通じて各グループ構成員をはじめとする組織全体に利益をもたらす一連のプロセスであり効果的なプログラム」と定義できる（Marquardt 2000）。アクション・ラーニングの核心要素として、問題（テーマ）・グループ・質問・実行・学習・コーチが挙げられる。当面のテーマを認識して解決するためにグループを形成し、テーマに関する多様な意見を考察し質問する。テーマは教授とメンター・グループが決めることもあれば、学習者が決めることもある。学習者がテーマを決める場合、教授は経験や知識の豊富なコーチを割り当てて学習チームの問題アプローチ・質問・進み具合などを整理・共有する。

コーチやメンターは、チームを率いるリーダー役というよりは、全体のプロジェクトを調整（coordinator）、議論を促進し、観察者であると同時に研究者としての役割を果たす。また、教授とチームとの意思疎通を媒介する役割も果たす。実践では、講義を通じて学んだ質的研究方法論（インタビュー、フォーカスグループ）とサーベイを活用し、利害関係者および彼らのテーマに対する考え方を把握することからはじめる。それをベースにして学生たちが考える問題解決策をグループとして提示、発表し、フィードバックを受けて共有する。

大学が地域社会に関心をもって教育・研究を進める際に必要なのは、地域社会の多様な構成員との協力構造である。民・官・学の協力構造は、学習の質の向上においても、地域社会への影響においても重要である。まず、研究者または学習者として、研究・教育の結果が地域社会で共有されるということは、参加動機と政治的効能感の増進につながる。地域社会の民と官の立場からも、大学生をはじめとする大学からのアイデア提供は、地域社会の問題解決のために必要な要素である。つまり、大学と地域住民、自治体の協業構造は、大学の研究・教育や地域の共存を図るために形成、継続しなければならない。

また、市民政治教育活性化の構造として、内外部間の疎通が挙げられる。内部的疎通を通じて、教授と学生間、教授とメンター間、学生と学生間で授業テーマの理解が向上する。特に、教室と現場で同時に教育が行われる場合、授業関連の意見交換が重要だ。

また、授業と授業外部間の疎通も必要である。市民政治教育の内容が特定の現場に限られることなく、幅広く共有できるからである。このとき、市民政治教育の必要性への共感意識も拡散できる。共感可能な意思疎通の方法で、社会的知性が活性化され、他人や地域に対する関心へと広がる（キム・サンヒョン、キム・フェヨン 二〇一四）。

新村、延世大学校「マウル学概論」の事例

新村はソウルの代表的な大学街である。延喜《ヨンヒ》専門学校とその周辺の小さな町で構成されていた新村は、一九二一年京義《キョンウィ》線新村駅が新設されてから、ソウルの人々が集まる空間として変わりはじめる。西大門区管轄の八大学のうち、新村地域に三つの総合大学（延世大学校、梨花《イファ》女子大学校、西江《ソガン》大学校）が集まっている。

一九六〇年代には文人が集まる場所として有名になり、梨花女子大学校周辺には約一五〇の洋服店が、そして新村駅の中心には居酒屋や喫茶店などが集まる洗練された商店街のイメージが生まれた。新村は、光復（一九四五）と四・一九（一九六一）、朴正熙《パクチョンヒ》反対デモ（一九六四）、韓日協定反対デモ（一九六五）、不正選挙糾弾デモ（一九六七）、戒厳令反対デモ（一九八〇）、李韓烈《イハニョル》烈士葬儀行進（一九八七）など、韓国現代史の中で学生、知識人を中心とする中間層文化の中心地として位置づけられていく。

一九八四年、地下鉄二号線の完全開通（臨時高架道路の閉鎖）によって、新村はソウルの新たな大衆商店街に生まれ変わる。以降、新村名物街（一九八六）が作られ、新村文庫（一九八六）が開店、一九九二年には伝統市場があった場所にグレース百貨店が開店した。緑色劇場（一九九四）、グランド新村プラザ（一九九四）、インターギャラリーアートセンター（一九九六）が次々とオープンし、現代的商店街としての容貌を整えた。

一九九〇年代までソウルの主要商圏として名を馳せた新村は、二〇〇〇年代半ば以降、急激に衰退しはじめる。経済危機と都市再開発の膨張という環境変化の中で、周辺の商圏（弘大《ホンデ》、合井《ハプチョン》などの地域）の成長による従来の新村消費者の流出、延世大学校の松島《ソンド》キャンパスRC政策による新入生商圏の喪失などが新村商圏の衰退の原因として指摘されている。一方、新村延世路はソウルの主要都心の一つであり、代表的なキャンパスタウンである新村の中央を貫通する道路として、大学と商圏の流動人口を収容し、ソウル西部と中央をつなぐ主要道路の役割を長らく果たしてきた。しかし、延世路の往復四車線道路と狭い歩道は車両と歩行者の移動を邪魔し、キャンパスタウンの文化形成にも支障をもたらした。

こうした状況は、新村が商業機能と快適な移動道路、キャンパスタウン機能の面で失敗していることを示す。そして、住民と通行人にとって新村の魅力度を下げる要因になっており、特に新村を中心にさまざまな活動と文化を作ってきた学生たちの新村離れの要因にもなっている（李泰東ほか二〇一七）。

「マウル学概論」では、新村という大学街における研究・教育・ボランティアの共通部分を探り、実践を行った。まず、研究能力のある大学院生と地域活動家をメンターとした。知識の消費者から生産者に変わるための教育を受けている大学院生にとって、地域社会の現場における政治プロセスは立派な研究テーマである。指導教官と話し合い、大学院生と地域活動家は次の四つのテーマを選んだ。「都市を変える大学――新村、延世路を中心に」「新村の社会的経済と企業」「都市エネルギー・キャンペーンとコミュニティ」「都市再生とガバナンス――地下歩道創作遊びセンター参加の方式と主体」である。それぞれ、地域社会における大学の役割、地域特性を反映した社会的経済と企業の可能性、都市エネルギー関連キャンペーンの行為者分析、公共空間の使用をめぐる主体とガバナンス構成を研究する。

「都市を変える大学――新村、延世路を中心に」は、キャンパスタウンにおける空間（街路）計画が関連住民、商店、区役所、市役所、歩行者などの行為者の行動にどのような影響を及ぼし、利害関係者間の理解がガバナンスを通じてどのように政策に収斂されていくかを研究する。「新村の社会的経済と企業」研究では、誰がどう社会的経済を作るのか？　という問いから、大学周辺の大学生や若者が社会的経済企業を通じて地域社会の問題を解決し、都市再生に参加する方法を考える。「都市エネルギー・キャンペーンとコミュニティ」研究は、新村地域のエヌリ（エネルギーを分かち合う有益な空間）キャンペーンの参加者と、彼らの経済的、政治的参加動機を分析することを目的とする。エネルギー需要管理のレベルで都市エネルギー政策と政治を評価し分析することが主な内容である。「都市再生とガバナンス」研究は共有空間である延世路地下歩道を誰が、なぜ、どう使用すべきで、その過程でガバナンス主体と思われる住民と学生がどのような役割を果たしているかを分析する。このように、すべての研究が地域における公共問題への問題意識をベースに、政治行為者が権威ある価値配分をどのように達成するかという政治問題を扱っている。また、それぞれのテーマは、地域社会に対する理解をベースに大学院生や大学生の教育を通じて、研究結果（本や論文）の形で具体化される。このような試みは、キム・ウィヨン教授を中心に授業に参加した学生たちが出版した『町の中の市民政治』という本にもみられる（キム・ウィヨン 二〇一五）。

「マウル学概論」の主な目標は、学生たちが客体ではなく主体として学びを主導することだ。その一環として、中間試験では地域社会における自分の役割について考え、それを整理する機会を設けた。中間試験の問題は、「大学生はどのように町づくりに参加できるか？　そしてどのような役割が果たせるか？」である。ある学生は、「新村、私、そして私たち」というテーマで次のように回答した。

中間試験の問題を見て私はとても戸惑いました。町における大学生の役割は何でしょうか。私たちは住民でもなく、せいぜい数年過ごしたら他のところへ行ってしまう人々です。大学生にはお金も力もなく、ましてや家もありません。私たちにできることは何もないように思えます。いや、そう思っていました。私たちは何も持っていませんが、しかし私たちは欲望の主体です。この社会を変化させるために、政治システムに、そして地域社会に私たちの声を伝えようとする、政治的主体として認められたいという欲望があります。欲望はいつも持っていたはずなのに、なぜ今までそれを声に出せなかったのでしょうか。自分で考え自分で動いていましたが、「痛い青春」だからなのか「忙しい青春」だからなのかはわかりませんが、語りは独白でした。それが独白ではなく、一つの動きになり叫びになるためには、他人とつながることが必要です。私たちの授業「マウル学概論」のように。ここに集まった我々のミクロな流れで形成された持続的な連鎖作用がマクロ構造を変化することを期待します。

〔傍点は著者〕

西大門区都市再生委員である担当教授は、教授—大学院生—学部生の研究をベースに、学生たちのアイデアと要求を委員会議で発表した。さらに、授業では区長の特別講演を依頼して質疑応答などを行い、学生の発表時には西大門区庁関係者を招いてアイデアを伝えた。このような努力を通じて、西大門区が地下歩道の使用目的とデザインなどを決める際に影響を及ぼすことができた。

フィールド・スタディーと発表は、学生を市民政治の主体とする効果的な方法である。自分で問題点を探し解決策を模索するプロセスを学べるからだ。社会的経済チーム、延世路チーム、延世地下歩道チームのすべてが「何が欠けているのか?」「何が問題なのか?」という問いからフィールドワークをはじめた。政治的客体から主体になるということは、自分が住んでいる社会で何が足りていないのかを考えること、そしてそれを解決するための方法を創造的に模索する過程である。

先に述べたアクション・ラーニングの段階に従って、「マウル学概論」は事前準備・講義・現場研究―学習・結果の共有の順に行われた。授業をはじめる前に、民・官・学の協力構造を作るために、官の大学―地域連携支援プログラム公募に応募した。支援が決まった後は、授業の進め方を共有した。また、授業準備の一環として学期の初め（二週目）に行われたフィールドワークの紹介は、これからどのような場所とテーマで研究を進めるか、論点は何かを確認する機会であった。また、提示された主題の中から自分が参加するチームを決める際に役立つ情報も提供した。

「マウル学概論」授業の前半は教室で行われた。基本的な概念や理論的議論、これから扱う主要テーマは教室で伝えたほうがよい。教室での講義は、大きく三つの部分で構成された。最初は「マウル学概論」の理論的な議論である。講義名を「マウル学概論」にしたのは、まだ学問的に十分に形成されていない「マウル学」の研究と教育を行うためである。そして、町の問題、地域の問題を認識して解決するために、学際的アプローチ（政治学、政策学、社会学、都市工学、経済学、経営学、文化人類学など）の強みを利用するという意図もあった。ただし、政治学専攻科目として地域における人々の政治的関係を中心に研究を行うという点を明確にした。理論的議論でも政治学的議論が中心となり、トクヴィルの結社民主主義の観点からみた市民政治（グォン・ヒョリム 二〇一五）、オストロムの共有材管理制度（Ostrom 2010）、地域ガバナンス理論と実際（キム・ウィヨン 二〇一五、李在烈《イジェヨル》 二〇〇六）などを講読、講義、議論した。

二つ目の講義内容は、フィールドワークで扱うテーマである。都市の政治学（Dahl 2005）、都市空間とガバナンス（キム・ヨンほか 二〇一三）、社会的経済（チョン・ゴンファ 二〇一二）、エネルギー転換（Lee et al. 2014）に関するテーマ講演と特別講演を行った。特別講演では、区長、研究者、社会的経済企業活動家、新村地域活動家、国際機構従事者などが講師として参加し、自らの経験について話した。

三つ目の講義内容は、フィールドワークで活用する方法論である。ケーススタディー、インタビュー、アンケート調査・研究倫理などについての講義は、短いものではあったがフィールドワークを進めるうえで必要な方法論的要素を共有する目的で行われた。

中間試験以降の授業は、「われわれの問題への答えは現場にある（ウ（われわれ）ムン（問）ヒョン（現）ダプ（答））」のモットーで、現場で行われた。学期初めに、教授、地域活動家と大学院生メンター、全受講生がフィールドスタディーのテーマと関連する場所を訪れた。中間試験以降のフィールドワークは、チームメンバーと大学院生メンターが一緒になって行った。チームのメンターは、授業の全体的な方向を理解し、チームメンバーとの打ち合わせに参加し、大学生だけでは会いにくい人と連絡を取りながら、学生のフィールドワークをサポートした。また、教授と学生との橋渡しの役割も果たした。教授は、フィールドワーク中の授業時間に学生とチーム別で面談し、進行状況や苦情などを聞いて、一緒に解決する努力をした。公共機関で働く人と会う際には、学科承認の公文書を作成し、フィールドワークがスムーズに進むようにした。

結果共有の一環として地域社会でプロジェクト発表会を行うことで、地域住民、区役所やソウル市関係者、学生、教授が参加して研究結果を共有する努力を行った。そして、「マウル学概論」プロジェクトの成果は、教授、大学院生、学部生が著者となって書籍化された。

先述したように、地域社会に根ざした市民教育は、知識伝達と討論を主目的とする教室の授業ではない。そのため、民・官・学の協力構造と内外部疎通構造の活性化が必須である。

ソウル市マウル共同体総合支援センターは、民・官・学の協力構造の一部として「大学と地域社会の連携授業の支援」プログラムを通じて「マウル学概論」を支援した。支援センターは、ソウル市の中間支援組織として二〇一五年一学期から地域資源と大学の人材が交流し、地域と大学が共栄、大学生を社会革新人材に育成するための地域関連授業の支援を行っている。授業での特別講演、学生のフィールドワーク経費、および授業に参加するメンターと地域活動家の活動費が支援された。そして、地域と大学が交流する多様な事例を共有するために、「マウル遠足」と成果発表会を開いた。選定された授業間、学生間のネットワーク形成、研究／教育結果を発表し授賞する場も設けた。こうした支援によって学生は自分たちの授業に参加するだけでなく、他の授業からも学ぶことができるという教育的効果が得られた。さらに、発表会と授賞式で学生たちの参加意欲も刺激された。

　新村が位置する西大門区も都市再生事業とあいまって、大学の地域社会に対する関心と参加を促した。「マウル学概論」授業で区長が特別公演をすることで、新村都市再生と延世大学校の役割についての区役所の考え方を知る機会を設けた。学生は質疑応答を通じて新村の全般的な問題点を指摘したり、自分が担当するプロジェクトに関する意見を発表したりした。西大門区では二〇一五年度二学期から延世大学校、梨花女子大学校、秋溪《チュゲ》芸大、明知《ミョンジ》専門大学と地域連携講義事業を展開している。授業結果を共有するために、タウンホールミーティングを通じて区長をはじめとする区役所関係者、地域住民、関連授業を受講するほかの大学の学生たちと交流する機会を設けた。

　「マウル学概論」では、地域テーマを扱う四チームのほかに、メディアチームを作って運営した。将来的に新聞、放送、映像、インターネットなどの分野で働きたい学生たちで構成されたメディアチームの役割は、授業内外のコミュニケーションの活性化である。授業内でのコミュニケーションは、授業の掲示板、授業時の教室、社会関係網サービス（Social Network Service）を通じて行われた。内部コミュニケーションには授業掲示板が使われた。たとえば、学生たちは区長の特別公演でどういう質問をするかなどを自由に書き込んだ。各チームのプロジェクト進行過程においても授業掲示板が活用された。社会関係網サービスは、授業の活動を内外に知らせる役割を果たし、特にフィールド・トリップの動画などを共有するプラットフォームとして使われた。

　外部とのコミュニケーションの可能性を探ることで、市民政治教育の必要性への共感が得られる。メディアチームが作成した報道資料を利用した京郷新聞とソウル経済新聞の取材では、「私たちが住みたい町を想像すれば、それが「生活政治」(ソン・ヒョンスク 二〇一五)と「「放棄」「達観」ではない……大学生が新しい新村共同体を夢見る(チョン・ヘジン 二〇一五)」という見出しで「マウル学概論」が記事化された。テレビメディアも「マウル学概論」を取り上げて大学生の意見を聞く機会になった。こうした外部とのコミュニケーション努力は、メディア関連業界で働きたい学生にとってもよい教育になり、同時に地域での市民政治教育を知らせる機会でもある。

コミュニケーションと同じく大事なのは記録だ。授業の内容、特別公演、学生のレポート、インタビュー、授業に対する学生の意見などを記録して残すこともメディアチームの役割である。研究倫理を守って個人のプライバシーを侵害することなく授業と関連情報を共有し記録することは、授業自体の発展と授業間連携、コミュニケーションのために必要である。

おわりに

市民政治教育は、「学生たちが、共同体構成員としての人生(civil life)に効果的に参加し、社会問題や社会イシューについて知り(stay informed)、政治過程を理解すること(understand governmental process)を期待しなければならない。また、政治的決定の導出および施行のための手続きと過程を理解し、その政治的決定に影響を及ぼすことを期待する」教育である(キム・テハン 二〇一四)。地域に根ざした市民政治教育には、地域という具体的な対象がある。遠く離れた自分とは無関係の問題ではなく、関心を持てばそれを変えられる、心理的・物理的に近い場所であり対象である。

地域社会に根ざした市民政治教育は、民主市民教育と同じ文脈である（チャン・ドンジン 二〇〇五）。そして、政治学や社会科学関連学科であれば、どこでも授業を提供することができる。一つの大学、地域、学科、教授に制限される授業ではない。程度と関心度は異なるかもしれないが、既存の政治学テーマ——政党・選挙、国際関係、比較政治、政治経済など——も結局、地域社会と影響し合うからである。多様な分野で地域社会に根ざした市民政治教育を行えば、授業間の連携などを通じて互いに学び合う機会も増えるだろう。

市民政治教育を活性化させるためには、学生の問題提起能力と解決能力の向上を図っていく必要がある。すでに教授と学生は人工知能の時代を生きている。イ・セドル九段とアルファ碁との対決を通じて、インプット（input）を計算してアウトプット（output）を見つけることに関しては、人工知能がすでに人間を超えていることが示された。結局、これから教育全般、特に大学教育の方向性は、どんなインプットを設定してどんなアウトプットを求めるかの、アジェンダ設定（agenda setting）ができる人材を育てることになる。二〇一五年のはじめに「マウル学概論」を開講したときは、教授とメンター・グループが全体的なアジェンダを設定した。二〇一六年の授業では、学生自らが問題を発見してアジェンダを設定していく実験をした。与えられた仕事をこなしたり、講義を聞いてテストに答えたりすることには慣れている学生たちにとってやや挑戦的な課題ではあったが、それでも自分たちで考えた問題を探究するよい訓練になったと思う。学生たちが提示したテーマは自分たちの人生の問題と社会的必要に関するものだった。たとえば「障がい者と一緒に楽しむ新村」は、実際に障がいのある学生と、この問題をともに解決したいと考える学生が参加した。「ひとり世帯の社会的経済」と「新村都市再生に向けた学生組織」は、学生たちが直面している住居、経済、政治問題の解決策を探るのが目標であった。「新村地域の開かれたキャンパス」では、地域と大学が空間を共有するモデルを想像した。賃貸料の上昇で多様性が消え、画一化された都市に化した再開発問題への苦悩もあった。「新村のアイデンティティが盛り込まれた空間」とはどんな空間だろう？　「新村の広場」は誰が、どのように使用し、その決定はどのようにして下されるのかといった空間政治への関心もチームプロジェクトのテーマとなった。このように学生の批判的、省察的思考と行為がテーマ選定の過程で表れている。教授が提起した問題の一部は学生たちの投票によって採択されなかったが、仕方がないだろう。学生の問題提起は、彼らの必要と苦悩から出てきたものであり、それが地域に基づく市民政治教育のはじまりだからである（李泰東 二〇一六）。

また、市民政治教育を通じて学生の力量強化と政治的効能感を高めることも研究と教育の課題である。キム・ジンギョンとファン・キウォンの研究によると、現場中心的都市大学教育プログラムは住民の力量強化に肯定的な影響を及ぼす。次の学生のレポートでもそれを確認できる（キム・ジンギョン、ファン・キウォン 二〇一一）。

> 一五週の短い授業を通じて、私たちは大学生は住民であることの理由がわかりました。なぜ新村に向けて声を集め、発し、伝えなければならないのかを、私たちはわかるようになりました。そして以前のレポートでは新村の栄枯盛衰をただ見つめることしかできなかった私たちが、これからはその輪を断ち切る役割を果たせることに気づきました。多くを学びましたが、何よりも授業が楽しかったです。無気力だと思っていた私たちが小さな流れを作っていくのが楽しかったです（講義の終了後。学生のレポート「新村、私、私たち」）。〔傍点は著者〕

しかし、地域社会の問題を発掘せず、研究と教育の接点を発見できなければ、市民政治教育の実行は壁にぶつかるだろう。そして、民・官・学の協力構造と支援が作動しなければ、地域に根ざした教育は持続可能なものにはならないだろう。学生主体の授業は、学習とフィールドワークの負担が大きい。そのため、学生が主体的に参加できるさまざまな動機（授賞制度、可能であれば成績の絶対評価、教授やメンターとの話し合いの機会）を提供し、授業の結果が政策に反映される構造を作ることが課題である。

注

（1）本章は、李泰東「地域基盤市民政治教育の志向、方法論、活性化構造に関する研究――「マウル学概論」事例を中心に」『韓国政治研究』二五（二）、一一九―一四三、二〇一六年を修正・補完したものである。

〔参考文献〕

권효림「결사체주의 관점에서 본 마을공동체 만들기의 민주적 의의――마포파티 사례를 중심으로」『한국사회학』四九（五）、一五一―一八〇、二〇一五（グォン・ヒョリム「結社体主義の観点から見たマウル共同体作りの民主主義的意義――麻浦パーティーの事例を中心に」『韓国社会学』第四九巻第五号、一五一―一八〇頁、二〇一五年）。

김민호「학습사회와 시민사회의 결합」『교육연구논총』三五（一）、一六九―一八八、二〇一四（キム・ミンホ（「学習社会と市民社会の結合」『教育研究論叢』第三五巻第一号、一六九―一八八頁、二〇一四年）。

김상현、김회용「상상력과 공감으로서의 공공성――존 듀이의 사회적 지성과 민주주의론을 중심으로」『교양교육연구』一二（八）、六一五―六四六、二〇一四（キム・サンヒョン／キム・フェヨン「想像力と共感としての公共性――ジョン・デューイの社会的知性と民主主義論を中心に」『教養教育研究』第一二巻第八号、六一五―六四六頁、二〇一四年）。

김영、정규식、천성봉「도심재생사업을 위한 로컬 거버넌스가 사회적 자본에 미치는 영향」『한국지역개발학회지』二五（二）、四三―七〇、二〇一三（キム・ヨン／チョン・キュシク／チョン・ソンボン「都心再生事業のためのローカルガバナンスが社会的資本に及ぼす影響」『韓国地域開発学会誌』第二五巻第二号、四三―七〇頁、二〇一三年）。

김의영『동네 안의 시민정치』서울：푸른길、二〇一五（キム・ウィヨン『町の中の市民政治』ソウル：プルンキル、

二〇一五年）。

김진경、황기원「도시대학 교육프로그램의 주민역량강화 효과성 분석 ―― 푸른 경기 二一 도시대학 교육프로그램을 중심으로」『한국도시설계학회지』一二（五）、五―一八、二〇一一（キム・ジンギョン／ファン・キウォン「都市大学の教育プログラムの住民力量強化効果性分析 ―― 青い京畿二一都市大学教育プログラムを中心に」『韓国都市設計学会誌』第一二巻第五号、五―一八頁、二〇一一年）。

김태한「한국 청소년의 시민지식 및 내적 정치효능감 발달에 대한 연구」『시민교육연구』二〇一三（キム・テハン「韓国の青少年の市民知識および内的政治効能感の発達に関する研究」『市民教育研究』第四五巻第四号、一―三七頁、二〇一三年）。

송현숙「우리가 살고 싶은 마을을 상상했더니 그게 바로「생활정치」네요」『경향신문』（六월 一七일）（ソン・ヒョンスク「私たちが住みたい町を想像すれば、それがまさに「生活政治」」『京郷新聞』二〇一五年六月一七日付）。

심익섭「시민참여와 민주시민교육」『한독사회과학논총』一一（二）、五一―七九、二〇〇一（シム・イクソプ「市民参加と民主市民教育」『韓独社会科学論叢』第一一巻第二号、五一―七九頁、二〇〇一年）。

양민석「독일 여성의 정치적 대표성과 여성정치교육 ―― 멘토링 프로그램을 중심으로」『인문연구』七一、四〇七―四三六、二〇一四（ヤン・ミンソク「ドイツ女性の政治的代表性と女性政治教育 ―― メンタリングプログラムを中心に」『人文研究』第七一巻、四〇七―四三六頁、二〇一四年）。

이재열「지역사회 공동체와 사회적 자본」『지역사회학』八（一）、三三―六七、二〇〇六（イ・ジェヨル「地域社会共同体と社会的資本」『地域社会学』第八巻第一号、三三―六七頁、二〇〇六年）。

이태동「공허한「민생타령」말고「생활정치」를」『경향신문』（四월 八일）二〇一六（李泰東「空虚な「民生の話」やめて「生活政治」を」『京郷新聞』二〇一六年四月八日付）。

이태동 외『마을학개론 ―― 대학과 지역을 잇는 시민정치교육』서울：푸른길、二〇一七（李泰東ほか『マウル学概論 ―― 大学と地域をつなぐ市民政治教育』ソウル：プルンキル、二〇一七年）。

장동진「한국민주정치와 민주시민교육 ―― 적극적 시민육성을 위한 자유주의적 논의」『사회과학논집』三六（一）、一四七―一六九、二〇〇五（チャン・ドンジン「韓国民主政治と民主市民教育：積極的市民育成のための自由主義的議論」

『社会科学論集』第三六巻第一号、一四七―一六九頁、二〇〇五年）。

정건화「민주주의、지역 그리고 사회적 경제」『동향과 전망』八六、二〇一二（チョン・ゴンファ「民主主義、地域そして社会的経済」『動向と展望』第八六巻、二〇一二年）。

정혜진「「포기」、「달관」은 어울리지 않는 말…대학생들이 새로운 신촌 공동체를 꿈꾼다」『서울경제신문』（六월 二一일）二〇一五（チョン・ヘジン「「放棄」「達観」の言葉は似合わない…大学生たちが新しい新村共同体を夢見る」『ソウル経済新聞』二〇一五年六月二一日付）。

최명민、김승용「사회복지교육에서 액션러닝 활용에 관한 탐색적 연구」『한국사회복지교육』一一（一）、八一―一〇三、二〇〇五（チェ・ミョンミン／キム・スンヨン「社会福祉教育におけるアクションラーニング活用に関する探索的研究」『韓国社会福祉教育』第一一巻第一号、八一―一〇三頁、二〇〇五年）。

Marquardt, Michael J., 봉현철、김종근 역『액션 러닝』서울：二一세기북스、二〇〇〇（マイケル・J・マルクアルト著、ボン・ヒョンチョル／キム・ジョングン訳『アクション・ラーニング』ソウル：21世紀ブックス、二〇〇〇年）。

Ostrom, Elinor. 윤홍근、안도경 역『공유의 비극을 넘어서』서울：랜덤하우스、二〇一〇（エリノア・オストロム著、ユン・ホングン／アン・ドギョン訳『共有の悲劇を超えて』ソウル：ランダムハウス、二〇一〇年）。

Dahl, Robert A. *Who Governs?*, New Haven: Yale University Press, 2005.
Ehrlich, Thomas. Civic Education: Lessons Learned. *PS: Political Science* 32 (2), 245–250, 1999.
Kahne, Joseph and Joel Westheimer. The Limits of Political Efficacy: Educating Citizens for a Democratic Society. *PS: Political Science* 39 (2), 289–296, 2006.
Lee, Taehwa, Taedong Lee, and Yujin Lee. An Experiment for Urban Energy Autonomy in Seoul: The One Less Nuclear Power Plant Policy. *Energy Policy* 74, 311–318, 2014.
Pasek, Josh, Lauren Feldman, Daniel Romer and Kathleen Jamieson. Schools as Incubators of Democratic Participation: Building Long-term Political Efficacy with Civic Education. *Applied Developmental Studies* 12 (1), 26–37, 2008.
Thomson, Ann Marie Thomson, Antoinette R.Smith-Tolken, Anthony V.Naidoo, Robert G.Bringle. Service Learning and

Community Engagement: A Comparison of Three National Contexts. *Voluntas* 22, 214-37, 2011.

2

西村
ソチョン

古いソウルのアーバン・ヴィレッジにおけるジェントリフィケーション(1)

申《シン》 鉉準《ヒョンジュン》
[平田 由紀江 訳]

はじめに

この章ではソウルの鐘路区《チョンノ》西村《ソチョン》に行ってみよう。公共交通を利用してここを訪れる際には、地下鉄三号線の景福宮《キョンボックン》駅で降りると便利だ。「西村」とは、景福宮の西側に位置している地域を緩やかに指す言葉だ。同じことになるが、「西」という方向は景福宮を中心とした方向感に起因している。

狭くてくねくねした小路と、古い低層の住宅や商店からなるこの街は、一〇年ほど前までソウルの至るところにある平凡な庶民の街のひとつに過ぎなかった。ところが数年前から、西村を週末に訪れると観光客で混み合っており、外国からの観光客の姿も多くみられる。

独特な魅力と情感をもつ文化施設と商業施設がたくさんできた西村は、いわゆる「ホット・プレイス」のうちの一つとなった。都市開発から疎外され、長らく停滞していた古い街が、多くの訪問者をひきよせているのだ。すなわちこの場所は、二一世紀以降ソウルで起こっている空間的変化の最も劇的な事例のうちの一つである。

こうした変化はジェントリフィケーションと呼ばれている。この単語がこの章のキーワードだ。

ジェントリフィケーションのソウル到達プロセス

二〇一四年、ある日刊新聞は、「「西村」に人と金が集まるや……花屋のソンさん、クリーニング屋のキムさんが消えた」という見出しの記事を掲載した（『ハンギョレ』二〇一四年一一月二三日付）。記事の見出しから明らかにわかるのは、住民のための日常使いの店が、訪問客のための商業施設に代わったことが変化の核心だということだ。

この記事の本文は、こうした変化をジェントリフィケーションと明示している。この記事は、古い街が中間階級の余暇と消費のための魅力的な商業圏へと変化している一方で、「ソンさん」や「キムさん」のようにこの街に長らく住んできた零細な先住民が追い出されるという現実をあらわしている。すなわちジェントリフィケーションは、必然的に「転置（displacement）」を内包している。

このように韓国でジェントリフィケーションという言葉は、二〇一〇年代半ば以降、学術的言説を超えて大衆的言説として形成された。そののち、ソウルのいくつかの地方政府（区）は「ジェントリフィケーション防止条例」を制定するなど、この単語は政府の公式的な表現としても登場するようになった。

数年前にはほとんど馴染みのなかったこの言葉は、いまや世間の常識となった。だから、それまでのプロセスを簡

図 1 「工事中」の西村の建物

左は「韓屋」、右は「洋屋」の古い建物が住居用あるいは商業用に改造・新築されている様子。工事は現在も進行中（著者撮影）

略ながら追跡する必要がある。ジェントリフィケーションがどこから来てどこに向かっているのかを詳しく見ていこう。

今更ながら、この単語が英語由来だということを指摘しておきたい。ジェントリ（gentry）という階級を理解するためには近代初期英国の社会経済史についての知識を少し持っておく必要がある。簡単に言うと、ジェントリという階級は貴族よりも低く自営農（ヨーマン）よりも高い中間階級、より正確には「中間階級の上層」を表すといえば、それほど間違っていないだろう。「ジェントリ」という名詞は、「ジェントリファイ（gentrify）」という動詞を経て「ジェントリフィケーション（gentrification）」という派生語を生んだ。「ジェントリファイアー（gentrifier）」というもうひとつの派生語はジェントリフィケーションを遂行する主体を表す言葉である。

だが現在、ジェントリフィケーションという言葉を使うとき、「近代初期の英国」を思い浮かべる人は多くない。ジェントリフィケーションについて広く知られている定義の一つを引用すると、「労働者階級の住宅あるいは放置された住宅が蘇生され、その結果、その地域が中間階級の街に変容（transformation）すること」（Smith and Williams 1986:1）である。

この定義から確認できる点は、㈠ジェントリフィケーションは、都市の貧困地域において住居と関連して発生するという点、㈡「変容（トランスフォーメーション）」という表現からわかるように、結果というよりもプロセスだという点、㈢中間階級はジェントリフィケーションの主要な行為者、すなわちジェントリファイアーとして設定されていること、である。

このようにジェントリフィケーションを「概念」として使用した先駆者は英国の都市社会学者のルース・グラスだ。彼女は一九六〇年代半ばにロンドンの一部の地域の変化を論じ、「ロンドンの労働者階級の地区が、ひとつふたつと（上層あるいは下層の）中間階級によって侵攻され……古びた小さな家々……優雅で高価な居住地となる」プロセス、そしてそれに続き「その地域の全体的な社会的性格が変化」するプロセスをジェントリフィケーションと呼んだ（Glass 2010=1964:7）。彼女が言及したパディントン（Paddington）、イズリントン（Islington）、ケンジントン（Kensington）など、当時、ロンドンの古びた郊外の街が都心の高級な街に変わっていることを直接目撃することができたなら、その変化を実感できる。

のちに、この言葉は、ロンドン、ニューヨーク、トロントをはじめとする西洋の大都市で、住居再生（residential rehabilitation）を媒介とした都心の社会空間的変化を広く指す概念へと進化してきた。すなわち、古い住宅の再生を通じ、街全体が変化する際にこの言葉が登場した。だからこの時期のジェントリフィケーションは、広々とした大平原に新しい住居地域を「開発」したり、既存の住宅を物理的に撤去して新しい住宅を「再開発」するアジアでの都市開発の支配的形態や方式とは異なる。

ここでジェントリフィケーションの理論について全般的に検討するには紙面が足りない。ひとつだけ言及しておくと、二〇世紀末以降、ジェントリフィケーションは、先ほど述べた古典的な形態を超え、さまざまな形態へと変異（mutation）しているという点だ。それまでの時期の古典的なジェントリフィケーションが孤立的で散発的に進行してきたとすると、最近のジェントリフィケーションは、体系的な企画を基本として大規模に進行しているという見解が優勢だ。その結果、政府（中央政府および地方政府）が積極的に後援し、大型の開発業者が主導する再開発が「新築ジェントリフィケーション（new-build gentrification）」という名で呼ばれている。

そして、ジェントリフィケーションの概念と理論は西洋の都市だけでなく地球上のいろいろな都市へと研究対象を広げている。近年の『グローバル・ジェントリフィケーション（Global Gentrifications）』（Lees, Shin and López-Morales eds. 2015）や『プラネタリー・ジェントリフィケーション』（Lees, Shin and López-Morales 2016）などの著作は、ジェントリフィケーションが、文字どおり「地球」と「惑星」を覆っていると主張する。アジアに目を向けてみると、上海（He 2009）、ソウル（Shin and Kim 2015）、東京（藤塚 二〇一七）などで起こっている空間変化がジェントリフィケーションの事例として言及される研究が多数出てきている。最初にグラスがジェントリフィケーションという言葉を使ってから約五〇年後に、この言葉がアジアに安着したようである。

ジェントリフィケーションの概念を広く柔軟に適用するというのが、現在、西洋の学会の支配的な見解だ。ゆえにソウルのジェントリフィケーションを扱う多くの研究は、韓国で「撤去および再開発」として知られている見慣れた現象を扱っている。こうした研究が必要ないとはいわないが、そこで扱われている事例は、最近韓国で話題となっている事例とは場所、性格、形態、方式などにおいてまるで異なるのも事実だ。

ここでジェントリについての原論的定義に入り、点検する事項が一つある。ジェントリが社会経済的階級であることは明らかだが、そこには固有の文化的な趣向と美学的なコードがあるという点だ。一つの例として、ロンドンの「テラスハウス（Terraced House）」やニューヨークの「ブラウンストーン（Brownstone）」などの建築形態が、ジェントリフィケーションにおいてかなり重視される理由がここにある。現代の都市に住みながらも「古風な」文化的趣向を追求することが、ジェントリフィケーションの美学あるいはスタイルの特徴だ。

ゆえに、西村の最近の変化について、ジェントリフィケーションの概念を適用するならば、社会経済的な変化ばかりでなく文化的、美学的変化についても同時に注目する必要がある。ブルデューの文化資本（文化資本とは、フランスの社会学者、ピエール・ブルデューの用語で、文化的素養や学歴など、社会的に価値があるとされる文化を持つことが資本となることに着目した言葉。親から子へと受け継がれ再生産される―編者注〕という概念を知っているのであれば、ジェントリファイアーがどのような文化資本を配置・駆使し、西村を自身の場所だと主張（claim）しているのかが重要だということである。

もう一つ指摘しておきたいのは、ある場所を対象にするにしても、既存の理論の一般的な枠組みを適用するよりは、その歴史的な軌跡に注目する必要があるという点だ。すなわち、「〔ある事象が―編者注〕ジェントリフィケーションなのかそうでないのか」を確認するよりも、そのジェントリフィケーションがどのように感じられ経験され遂行されるのかを幅広く検討する必要がある。すなわち、「勝者であるジェントリファイアー対敗者である被転置者」という二分法を超えて、多様な行為者の多様な反応を探っていく必要がある。

西村、あるいは古いソウルの身近な過去

西村を物理的な立地から説明すると、景福宮と青瓦台《チョンワデ》の西側から仁王山《インワンサン》の麓に至る地域を指し、現在の行政区域としては鐘路区に属する一五の法定洞にまたがっている。多くの洞にまたがっていると思われるかもしれないが、ソウル都心の法定洞の面積がとても小さいことを考慮すると、その面積は一・八平方キロメートル程度であり、行政洞としては二つの洞（清雲孝子《チョンウンヒョジャ》洞と社稷《サジク》洞）が含まれるのみである。

ところで、西村は昔も今も公式的な地名ではなく、一種の別名である。いくつかの歴史的文献で散発的で混乱するような言及が存在しはするが、西村がソウルの歴史で鮮明な存在感を持って長らく続いてきたとは言い難い。たとえ

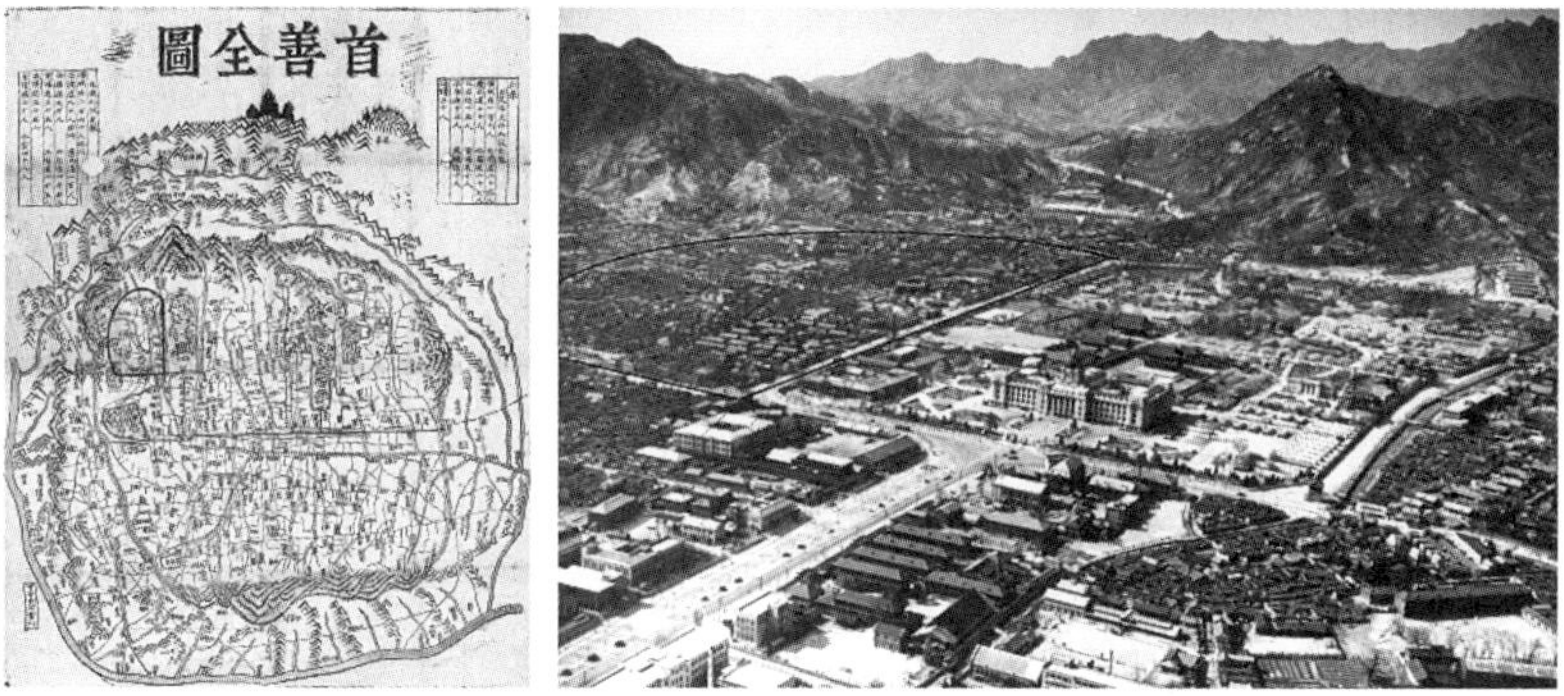

図2 古地図と写真にみる現在西村と呼ばれる地域の位置

左は1846年から1849年に金正浩《キムジョンホ》が制作した首善全図

右は日本植民地時代の景福宮一帯の写真（出処：未詳）

ば、北村《プクチョン》と南村《ナムチョン》の場合、非公式的な地名とはいえ、植民地時代以降、ソウルを分割する明らかな場所感を持っている反面、西村の場合そうではない。実際に、現在、西村と呼ばれる場所は、過去には広い意味で北村の一部だった。このときの北村が現在北村だと定義される場所より広いという点も指摘しておこう。

二〇世紀後半以降、ソウルが旧都心（いわゆる「四大門の内側」）の外へと四方八方に拡大し、巨大なメトロポリスを形成すると、西村が位置する旧都心は全般的に衰退し、常住人口は減少、いわゆる都心の空洞化を招いた。にもかかわらず、西村を含む現在の社稷《サジク》路から栗谷《ユルゴク》路に続く旧都心の北側は、高層の商業用ビルが立ち並ぶ南側の繁華街とは分けられる住宅街の性格を、ある程度維持してきた。英語でいえば、ここはソウルのアップタウン（uptown）なのである。

その結果、西村は、韓屋《ハノク》〔韓国の伝統的家屋—編者注〕、日式家屋〔日本統治時代に建てられた日本家屋—編者注〕、洋屋〔現代式に建てられた家屋—編者注〕など古い建築物で構成された建造環境（built environment）と、その建物のあいだの狭くてくねくねした路地の道路構造（street structure）が特徴となっている。その古い建物や家屋が、先述したジェントリフィケーションの美学の韓国的事例に当てはまるだろう。ソウルのほかの地域では消えてしまったか、あるいはもともと存

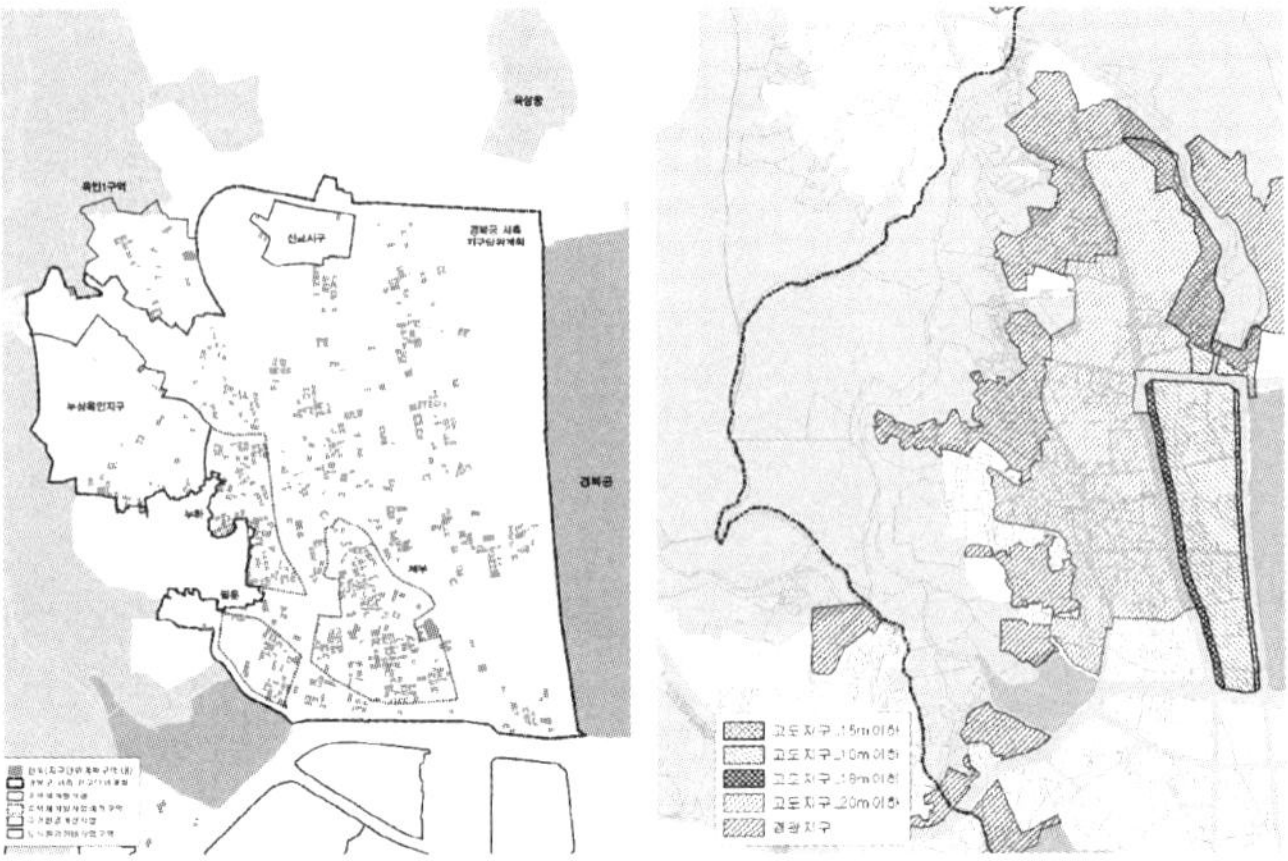

図３　左：西村の地区単位計画および再開発計画の現況
右：現在の高度地区・景観地区指定の現況（イム 2012:5, 12）

在しなかった独特な場所感が、ここでは維持・保存されてきたのである。

逆説的なのは、こうしたプロセスが住民の自発的な保存の努力よりも、権威主義的な時代の政府の強圧的な政策がより大きく作用したという点だ。権力の中心である青瓦台、歴史遺跡である景福宮、地域の景観である仁王山に隣接する位置のため、ここは一九七〇年代半ばから一九九〇年代半ばに至る時期に、政策による厳格な規制を受けてきた。具体的には「高度地区」「美観地区」「景観地区」などと指定され、建築が規制された（イム 二〇一二：一一―一五）。その結果、この地域は都市開発から疎外されたり放置された庶民の住む古い街というアイデンティティを維持することができた。

新しい変化がはじまったのは、政治的な民主化が行われた一九九〇年代以降だ。一九九三年以降、高度制限が部分的に緩和され、共同住宅（多家口住宅）が建築されはじめ、二〇〇〇年代以降には「住居環境改善」という名の再開発事業が散発的に推進された。それでもこの地域には再開発された大規模なマンション団地が建設されなかったのだが、これは社稷路・栗谷路の向かい側の地域（内需《ネス》洞一帯）に華麗な高層の住商複合マンションとレジデンスホテルが入ってきたのとは対照的だ。

こうした変化は、地方自治制〔一九六一年に中断、一九九五年に完全復活―訳者注〕以降、ソウル市の都市政策、特に李明博《イミョンバク》（二〇〇二―二〇〇六）から呉世勲《オセフン》（二〇〇六―二〇一一）が在任した約一〇年のあいだの政策効果が作用したものだ。二人の市長はソウルのグローバル競争力を強化するという名目で、都心の再開発を通じた都市のマーケティングあるいは都市のブランディングを攻撃的に遂行した。これは二〇〇七年にマスタープランを発表した「都心再創造プロジェクト」で集大成となったが、その趣旨は、「今や、都市がうまく売れなければ国は経済的に豊かになれません。ここで重要なのは、都市のブランドです」という、当時の呉世勲市長の発言に凝縮されている。

興味深いのは、二〇〇〇年代の都心再創造プロジェクトが「世界の一〇位圏都市へ」という目標のもと、「歴史文化都市」というアジェンダを同伴していたという点だ。すなわち、都心の再開発政策は、経済的活性化や環境条件の改善とともに、歴史と自然の「復元」や「保存」というアジェンダをともに掲げたのである。清渓川《チョンゲチョン》、ソウル城郭（漢陽都城）、宗廟《チョンミョ》などが代表的な例だ。こうした一連の政策樹立と執行過程で、韓屋や路地をはじめとする伝統の場所が歴史文化遺産として再評価され、保存と振興の対象となったという点はとても重要だ。二〇〇八年の「韓屋宣言」、二〇一〇年「西村地区単位計画」の樹立は都市のマーケティング戦略が、歴史や伝統をどのように動員するのかを示す例だ。

以上の一連の政策は、なぜ、旧都心のある地域は新築高層建物がずらりと立ち並ぶ先端的でグローバルな姿に変わっていく反面、ほかの地域は既存の低層の建物が維持され伝統的で「ローカル」な姿に変わるのかを説明している。後者の場合の変化はいわゆる「歴史文化空間」と呼ばれた場所で、だいたい社稷路と栗谷路近辺の旧都心の北側に位置している。このうち二〇〇〇年代に劇的な転換を経験したのは、西村というより仁寺洞《インサドン》、北村、大学路《テハンノ》などの「文化地区」と名づけられた政策が施行された地域だ。これらの場所は二〇〇〇年代の「ホット・プレイス」で、西村はその次の走者というわけである。

西村の先駆的ジェントリファイアーあるいは現代の中人

西村の変化は一九九〇年代と二〇〇〇年代を経て、建築家、言論人、文人、芸術家、映画人などの名望家が西村のあちこちに引っ越したことからはじまった。彼らは人文学と芸術の素養が深く、中間階級の専門職従事者で、古い家を買って居住あるいは作業室として使用した。彼らはジェントリフィケーションの文献では「パイオニア・ジェントリファイアー（pioneer gentrifier）」（Lees, Slater and Wyly 2008：3-38）と名づけられた存在に近い。このときは、住み着いた彼らの規模は大きくなく、速度もはやくなく、古い住民を強制退去させもしなかった。

彼らが西村に住み着いたプロセスで動員されるディスコースと実践は興味深い。西村という地名を最初に発明した人も、このグループに属している。ここで最も重要な出版物は、二〇一〇年にソウル歴史博物館から発刊された二巻の出版物『西村調査報告書』（ソウル歴史博物館 二〇一〇）だ。二〇〇〇年代末から非公式的に呼ばれてきた西村という名称が、ソウル市傘下の公共機関を通じて公式文書に登場した。これと前後して発刊された『朝鮮の中人《チュンイン》たち』（ホ 二〇〇八＝二〇一五）と『古いソウル』（チェ、キム 二〇一三）などは、西村に居を構えていたり、西村に深い関心をもつ学者たちが西村の歴史を研究した成果である。

その主張の核心を簡単に要約すると、西村は朝鮮王朝時代の「中人」が住んだ代表的な場所であり、ゆえに士大夫（あるいは両班《ヤンバン》）が居を構えた北村とは区分されるということだ。中人とは、朝鮮王朝時代の両班と良人《ヤンイン》のあいだの「中間階級」であり、主に技術職や事務職に従事した身分のことをいう。これまで公式の歴史では、中人についての評価は高くなかったが、これらの著作では、中人は朝鮮王朝時代、特に正祖《チョンジョ》の時代の文化的ルネッサンスを牽引した行為者として、積極的に表象されている。

こうした学術的な意見は二〇一〇年代以降、物質的な実践を生み出した。西村に移住した人々が、自身の蓄積してきた文化資本を配置する実践を積極的に行ったのである。彼らが率いたり、関与した公式・非公式的団体は、地域に残っている歴史的敷地への踏査や講座などのプログラムを開催し、これにより、西村は現代の中人と呼ばれうる文化芸術人を呼び集めた。とりわけ通義洞《トンウィ》と昌成洞《チャンソン》の一体には彼らが運営する作業場、ギャラリー、スタジオなどが続々と立ち並び、彼らのあいだに自然とコミュニティが形成された。そのうち最も印象的なイベントは、二〇一三年以降毎年春に開催される西村オープンハウスで、西村に居を構えた人々が、自身の私的・公的な場所を一般の人々に開放し、対話と親睦を分かち合うというものだ。

二〇〇〇年代末から二〇一〇年代はじめ、美術ギャラリー、建築家事務所、デザイナーの作業場、出版社の社屋、独立書店、学術研究所などが居住地の日常の雰囲気を大きく壊さないかたちで入っていった。韓屋をはじめとする古くからの建物を改造したカフェやレストランも、華麗すぎずに定着していった。異なる時期に建築された建物が多層的に構成された建造環境は、歴史の異なる時間性を想起させ、古いが高級感のある雰囲気を醸成した。新しいものが入ってきても古いものが消えないように思われた。

すなわち、それまで、西村でジェントリフィケーションに必須的にともなう先住民の転置は、大量にそして攻撃的に発生してはいなかったというのが衆論だった。同じ頃ソウルでは、大規模の転置が弘大前《ホンデアプ》（麻浦区《マポ》）、カロスキル（江南区《カンナム》）、梨泰院《イテウオン》（龍山区《ヨンサン》）で際立っており、西村が属する鐘路区の場合は（三清洞《サムチョン》を含む）北村と仁寺洞一体がそれに該当する地域だった。しかし二〇一〇年代半ば以降、状況は変わった。

ジェントリフィケーションのマトリクス

西村のジェントリフィケーションのプロセスで忘却されている出来事が一つある。二〇一〇年、西村の西の外れにある仁王山の麓に位置する庶民的マンションであるオクインアパートが撤去されたのだ。撤去の名分は、渓谷を復元し、公園を造成するというものだった。自然と歴史の「復元」という名分で「開発」が行われた。オクインアパートは、廉価な賃貸料と独特な雰囲気で、貧しい文人や芸術家の多くが賃借人として住んでいた場所だが、彼らの大部分は適切な補償を受けられないまま出ていかねばならなかった。正確な統計はないのだが、多くの賃借人が、賃貸料の上昇に対処できずに西村を去った。

図4　芸術家集団のオクイン・コレクティブ
キム・ファヨン、イ・ジョンミン、チン・シウが記録した2010年7月、オクインアパート最後の日々

このように賃借人の転置は、二〇一〇年代半ばに大量に発生する商店街の賃借人の転置を予告するものだった。この点で、西村でジェントリフィケーションという単語が明示的に使われた事例が二〇一〇年代半ば以降、錦川橋《クムチョンギョ》市場であるという事実は兆候的だ。長らく在来市場として機能し、二〇〇〇年代以降、食堂街へと変貌したその場所は、小さな規模の食堂が立ち並

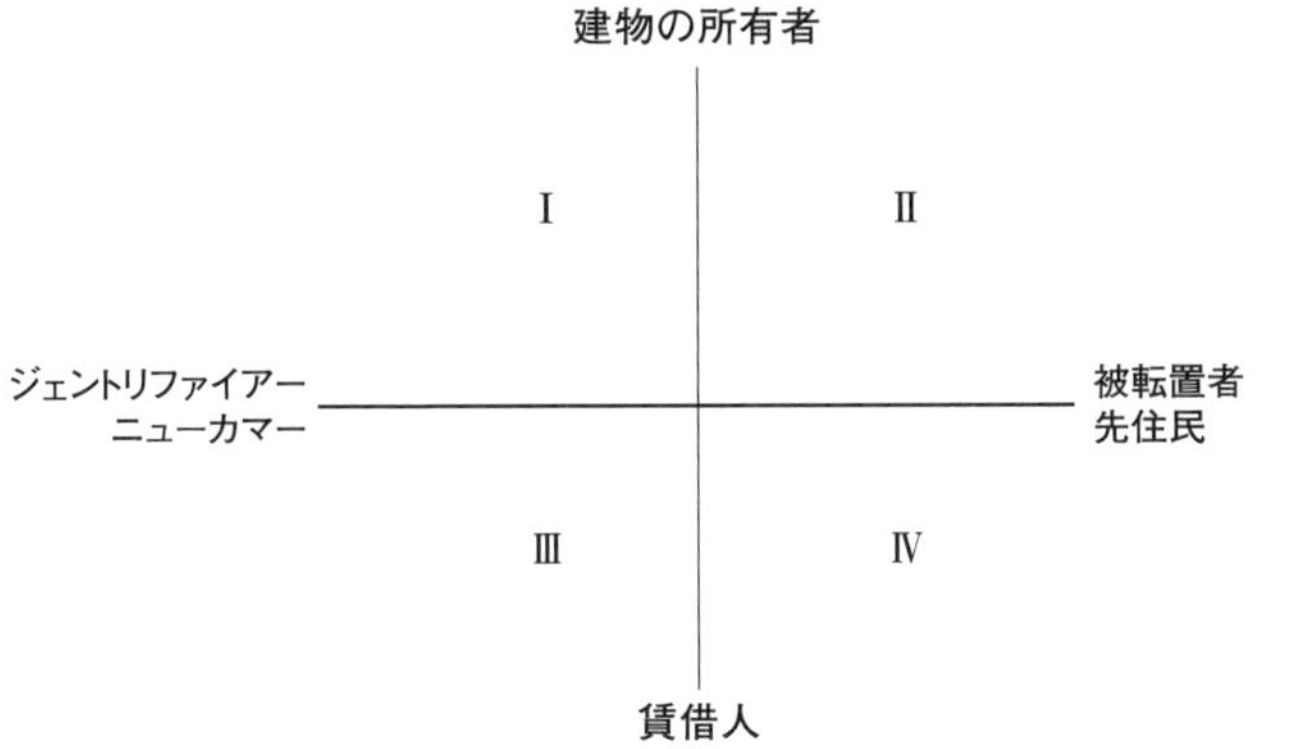

図5　ジェントリフィケーションのマトリクス

ぶ場所だが、既存の小さくて古びた食堂と商店が追い払われ、大きくて高級な飲食業者が新たに参入してくるということが繰り返されている。二〇一五年末、四か所の商店が強制退去させられそうになるという危機に瀕した状態で、「西村賃借商人直接行動」が展開されたことは、こうした状況をよく物語っている。

　以上の事例は、二〇一〇年代のソウルでジェントリフィケーションが単に「ニューカマーのジェントリファイアー対先住民の被転置者」という二分法よりもずっと複雑だということを示している。むしろ「ニューカマーなのか先住民なのか」よりも、「建物の所有者なのか、賃借人なのか」という構図がより重要に思われる。より正確には、ニューカマーと先住民という一つの軸と、建物の所有者と賃借人というもう一つの軸を設定し、それぞれ四つの行為者として区分することもできるだろう。このようにマトリクスを作ってみると、平面的理解を超えて、立体的な理解ができるだろう。

　このうち最も極端な対立が発生するのはニューカマーで建物の所有者（Ⅰ）と先住民の賃借人（Ⅳ）のあいだである。すなわち、街の外部に住む人が建物を購入したのち、そこを長らく生活・生業の場としてきた人を追い出そうと試みるケースだ。韓国で日常的に使われる言葉でいうと、前者は「不在地主」、後者は「賃借商人」と呼ばれる。前者が後者を追い出すことを煽る仲介人を「企画不動産業者（略して企画不動産）」と呼ぶ。この場合、ジェントリフィケーションは最も乱暴に行われる。経済資本だけが多く、文化資本は貧弱で、街に特別な愛着のない建物の所有者が、みずからの蓄財のために土地と建物の用途を決定するとき、力のない賃借人は適切な補償を受けられないまま立ち退かされるのが一般的だ。不幸にも韓国の「商家賃貸借保護法」は、賃借人の権利をきちんと保護してくれない。この場合、「ジェントリフィケーション美学」など、ほとんど具現化されないのだ。

逆の組み合わせを考えることもできる。先住民の建物の所有者（Ⅱ）とニューカマーの賃借人（Ⅲ）が出くわすケースだ。このケースの多くは、古くて管理が行き届いていない建物に、若くてヒップで感覚的な賃借商人が入ってくる。小規模の素朴で情感あるカフェ、レストラン、バー、ショップなどを開くケースだが、この場合、女性の比重が高いのが特徴だ。彼らを「創意的な自営業者」あるいは「創意的な小商工人」と呼べるが、実際、西村の変化を主導したのは彼らである。彼らをジェントリファイアーと呼ぶことはできるが、先述のニューカマーの建物所有者に比べて文化資本は豊富だが経済資本は貧弱だ。ある街に不動産投資の風が吹けば、彼らもまた立ち退きを免れない。一部の文献で彼らを周辺的ジェントリファイアー（marginal gentrifier）と呼ぶのは、このような矛盾的地位のためである。

二つの事例のみ論じたが、これ以外にもさまざまな組み合わせが可能だろう。ここには、ニューカマーと先住民という区分以外にも、階級、世代、性別、（韓国社会では珍しいことだが）人種とエスニシティなど社会的区分による文化的趣向と美学的コードが複雑に作用していることがわかる。また理論的・概念的にジェントリフィケーション／ジェントリファイアーの類型を分けることとは別に、「ジェントリフィケーション」という修辞の使用は、古くからの賃借人が新しい建物の所有者によって立ち退かされるプロセスで発生する抵抗と闘争において最も強烈になるということがわかる。このような変奏が、アジアのある大都市に到達したジェントリフィケーションの実際である。変奏の原曲は、「立ち退かされる人々のブルース」くらいだろう。

おわりに

「ホット・プレイス」というメディアの報道にもかかわらず、西村の魅力をひと目で理解するのは簡単ではない。その魅力は、数回訪れて細かく観察すると発見できる。というのは、何よりもそこでは「人が住む真の街（authentic village）」という感覚を感じられるからだ。「（西村は）物理的に近い範囲に、住居と商圏と職場が存在する完結した都心が構成されているほとんど最後（の場所）」というある社会運動家のインタビュー時の発言は、韓国人が感じている、街としての西村が持っている魅力をよく表している。すなわち、西村は、都心で「人々が住む街」という特徴を維持する最後の場所として認識されている。

こうした特徴は、西村が、ある一人の行為者によって一方的に主導されて作られたのではないという点に起因する。本章では、四つの類型の行為者を導き出したが、実際にはもっと多くの行為者が存在するだろう。この異なる行為者たちは異なる嗜好と展望を持つにもかかわらず、街の魅力を保存するというアジェンダを共有しつつ西村という場所を作ってきた。だからソウルの都心でありながらもまるで「田舎の街のような」社会的ネットワークが存在していたのである。

しかし二〇一〇年代末に入り、「都市の街」としての西村の特徴が徐々に瓦解していく兆候がみられるのも事実だ。すでに上昇しきった地価と賃貸料によって、建物主はもちろん、賃借人として足を踏み入れることのできる人々すらも限られるようになった。これは多様な行為者による複合的な場所形成の豊富な可能性が制限されるということを意味する。「ジェントリフィケーション」という言葉が公然と登場したのは、こうした「街としての西村」の瓦解に対する不安感の表現だ。結局「西村」という実際の物理的場所というだけではなく、都心の真の街（authentic urban village）

という理想を象徴し、「西村のジェントリフィケーション」はこうした理想が侵食されていくという共通の不安を明らかにするのである。

言い換えれば、西村が「ホット」なのは、別の意味で「ホット」なのだ。異なる行為者が、ソウルの旧都心にほとんど最後に残った街で異なる定着の実践を行い、場所を複合的に（再）形成しているという意味で、である。すなわち、二一世紀はじめの西村はいわゆる開発主義都市化以降、アジアのメトロポリスであるソウルでジェントリフィケーション（と呼ばれる現実）を体で経験し、心で感じ、頭で考えるさまざまな行為者のあいだの複雑な相互作用を見ることのできる、生きた場所だ。

注

（1）この論考の一部は『ソウル、ジェントリフィケーションを語る［서울, 젠트리피케이션을 말하다］』（申鉉準／イ・ギウン編、プルンスプ、二〇一六年）の一章である「古いソウルで本物の街（authentic town）を作ることの混乱――西村／セジョンマウルのジェントリフィケーションあるいは複合的な場所の形成」をもとにしている。この本は西村以外にもソウルのほかの場所のジェントリフィケーションや都市再生プロセスを扱ったものである。なお、本研究は二〇一八年、韓国教育部と韓国研究財団の支援により遂行された（NRF-2018S1A6A3A01080743）。

〔参考文献〕

藤塚吉浩『ジェントリフィケーション』古今書院、二〇一七年。

서울역사박물관『서촌조사보고서』二권、서울역사박물관、二〇一〇（ソウル歴史博物館『西村調査報告書』二巻、ソウル歴史博物館、二〇一〇年）。

임희지『서촌지역 정책평가를 통한 향후 발전방향』서울연구원、二〇一二（イム・ヒジ『西村地域政策評価を通じた今後の発展方向』ソウル研究院、二〇一二年）。

최종현・김창희『오래된 서울』동하、二〇一三（チェ・ジョンヒョン／キム・チャンヒ『古いソウル』トンハ、二〇一三年）。

허경진『조선의 르네상스인 중인（中人）——누추한 골목에서 시대의 큰길을 연 사람들의 곡진한 이야기』랜덤하우스、二〇〇八（ホ・ギョンジン『朝鮮のルネサンス、中人——小路から時代の大道を開いた人々の話』ランダムハウス、二〇〇八年）。

Glass, R. 1964/2010. “London: Aspects of change,” in Lees, L., Slater, T. and Wyly, E. (eds.), *The Gentrification Reader*, 7-8. London and New York: Routledge, 2010.

He, S. 2009. “New-build gentrification in Central Shanghai: Demographic changes and socioeconomic implications”, *Population, Space and Place* 16 (5): 345-361.

Lees, L., Shin, H. B. and López-Morales, E. (eds.) . 2015. *Global Gentrifications: Uneven Development and Displacement*, Bristol: Policy Press.

Lees, L., Shin, H. B. and López-Morales, E. 2016. *Planetary Gentrifications*. Cambridge: Polity Press.

Shin, H. B. and Kim, S.-H. 2015. “The developmental state, speculative urbanisation and the politics of displacement in gentrifying Seoul,” *Urban Studies*, published online before print. January 21, doi: 10.1177/0042098014565745.

Smith, N. and Williams, P. 1986. “Alternatives to orthodoxy: invitation to a debate”, in Smith, N. and Williams, P. *Gentrification of the City*, 1-10. London: Allen & Unwin.

COLUMN

大学路へ行ってみよう——演劇・ミュージカルの街へ

山中　千恵

地下鉄四号線恵化《ヘファ》駅周辺、恵化洞から梨花洞に広がるエリアを大学路《テハンノ》と呼ぶ。中小劇場が軒をならべ、当日チケットを割引販売する店の前では、呼び込みの声がチケット購入を誘う。マロニエ公園ではジャグリングのパフォーマンスや弾き語りのコンサートが開かれ、人々が興味津々にそれらを眺めている。お目当ての劇場で芝居がはじまるまでに小腹を満たすため、屋台で時間を気にしながら何かをほおばる者も多い。大学路では、大劇場の豪華なセットや衣装、大勢の登場人物が繰り広げる演劇やミュージカルとは異なる、あらたなパフォーマンスの可能性が模索されている。

そんな大学路で「伝説」的ロングランを続ける作品群がある。その一つが、一九九四年から二〇〇八年まで四〇〇〇回の公演回数を数えたミュージカル『地下鉄一号線』である。ソル・ギョング、ファン・ジョンミン、チョ・スンウなど、映画でも活躍する俳優がかつて出演していたことでも知られており、二〇一八年、一〇年ぶりの再演が決定した。

このミュージカルは、ドイツ、ベルリンの地下鉄一号線を舞台にした、フォルカー・ルードヴィッヒ作、ビルガー・ハイマン作曲による『Linie 1』を原作とし、劇団ハクチョンの演出家のキム・ミンギが翻案したものである。異邦人の女性が都市に足を踏み入れるという設定は原作を踏襲しているが、ベルリンのラインを韓国の地下鉄一号線に置き換え、描かれたのは、一九九〇年代の韓国社会と、そこに生きる人々の姿である。性を売る女性、失業者、そして成金の夫人。舞台に登場する俳優が何役も演じ分け、ソウルに住まう人々を描き出していく。翻案者であり演出を担当したキム・ミンギは、一九七〇年代に民主化運動・学生運動の愛唱歌となった「アチミスル（朝露）」を作詞・作曲したことでも知られるシンガーソングライターである。当時の政権によって彼の曲の多くが禁止曲とされた。一九七〇年代に劇音楽の作曲や台本執筆をはじめ、八〇年代にはマダン劇や子ども向けのミュージカルを手掛けはじめた人物である。

このように説明すると、ミュージカル『地下鉄一号線』は真面目で堅苦しそう、襟を正しあらかじめ「予習」して臨まなければ、そんな気負いを感じるかもしれない。しかし、本作品が大学路演劇を象徴する作品の一つとして挙げられる理由は、社会への批判精神をもち、困難な日常へまなざしを向けながらも、観客にエンターテインメントとしての高揚感を与えてくれるからにほかならない。ミュージカル『地下鉄一号線』以外にも、青年層の失業問題と外国人労働者問題を扱う『パルレ（洗濯）』をはじめ、表現の自由、セクシュアリティ、ジェンダー、メディアの暴力、南北分断など、韓国に生きる人々が日常の中で直面する問題を、時にシリアスに、時に皮肉をこめて、あるいはその苦難を笑い飛ばすかのように描く大学路発の作品群に、観客は心揺さぶられる。

大学路に集う人々が生み出す、批判的精神をはらんだ娯楽は、この街の歴史的変遷ともかかわっている。大学路の歴史は古く、朝鮮王朝（李氏朝鮮）時代、一三九八年に教育機関である成均館が設立されたことにはじまる。植民地期の一九二四年には京城帝国大学が創設され、解放後に国立ソウル大学となると、四・一九、維新体制反対運動など、街は自由と民主化を求める学生たちの活動の基点となった。

しかし、一九七五年にソウル大学が市の南、冠岳キャンパスへ移転すると、街の性格は変化する。ソウル大学の跡地はマロニエ公園と呼ばれる公園となり、建物の一部には韓国文化芸術振興院が入った。公園の周囲には劇場や美術館などが建設されるようになり、芸術の街としての色合いを強めていく。一九八五年、当時の軍事政権は梨花交差点から恵化ロータリーまでを大学路と名づけ、この街は「大学路」となった。

このように、大学路は民主化の基点であり、また軍事政権の文化政策の対象でもあるという二重性を引き受けながらその歴史を紡いできた。一九九〇年代以降、民主化の成熟とともに文化的なものへと関心が移る中、大学路では小劇場や劇団、商業公演が増加、演劇のメッカとなっていく。近年、各大学の芸術学部が大学路にキャンパスを置き、仁寺洞に続く「ソウル市文化地区」指定を受けた。こうした流れの中で、大学路は、政治への志向性を失ったかのように見える。

しかし、大学路で数多く上演され愛される演劇やミュージカル、劇場に足を運ぶファンたちのまなざしを読み取ると、そこで求められているのは、商業的娯楽として消費されるだけのコンテンツではない。政治性と文化的な批判性を、大仰ではなく日常の中にあるものとしてとらえ、楽しむ方法。大学路に集まる作り手も観客も、そんな方法を模索し、新たな「伝説」を求めているように思えるのである。

II

「記憶」に立ち止まる

3
西大門《ソデムン》

「記憶の場」としての西大門刑務所

山中 千恵

はじめに

本章では、ソウル市西大門《ソデムン》区にある西大門刑務所歴史館に出かけることにしよう。ここは、一九八七年まで拘置所として利用されていた。今は広々とした公園の一角に位置しており、休日は家族連れや課外学習にやってきた子どもたち、あるいは健康増進のために公園を散歩する人々であふれている。いまとなっては、ここに拘置所があったとは思えない開放感を感じるだろう。

では何のために、かつての拘置所はその建物の一部が復元・保管され、歴史館と名づけられたミュージアムになって、公園の一角に場所を与えられているのだろうか。このミュージアムは、訪れる人々にとって、あるいは韓国の社会にとってどのような場所なのか。本章ではこれを考えるために、西大門刑務所歴史館に足を運び、ミュージアムの展示分析を行う。西大門刑務所が主に韓国の人々に、どのような記憶を想起させる「記憶の場」となっているのか、考えていくこととしよう。

ここで学ぶキーワードは「記憶の場」「ミュージアム」である。

「記憶の場」としてのミュージアム

まずキーワードについて説明しておこう。先に「記憶の場」という言葉を用いた。これはもともと、フランスの歴史学者であるピエール・ノラが企画したプロジェクトの名称で、その成果として編纂された本のタイトルに由来する。ここに寄せられた「フランスの集合的遺産が結晶化された場所（ノラ 二〇〇二：一五）」の研究を通じて、この言葉は広がった。

ノラは、「記憶の場」を「集合的な記憶が根づいている重要な場所（ノラ 二〇〇二：一五）」としている。とはいえ、この「場」という表現について、「物質的なものであれ、非物質的なものであれ、きわめて重要な含意を帯びた実在である。それは人間の意志もしくは時間の作用によって、なんらかの社会的共同体（ここではフランス社会）のメモリアルな遺産を象徴する要素となったもの（ノラ 二〇〇二：一八―一九）」と述べているので、普段私たちがイメージするような「特定の場所」のみを指すわけではないようだ。実際プロジェクトでノラたちが扱った対象は、記念碑や博物館だけでなく、三色旗などの象徴、美食などのフランス的なものや記念祝典など私たちが日常「場所」という言葉の範囲としてイメージしないようなものも含んでおり、多岐にわたる。

ではなぜ歴史学者が「記憶」に注目し、博物館や美食について論じるのだろうか。歴史について調べる、考えるといったとき、私たちはモノではなく書かれた歴史、「世界史」や「日本史」の教科書のような語りをまず思い浮かべるのではないだろうか。年表にできるような一直線上の時間の流れをイメージする歴史である。また、歴史学者とは、なにかしらの出来事について、文献資料に基づき、批判と議論を重ねて実証的に「事実」を明らかにしようとする人だと考えるかもしれない。

しかしノラは、この企画が「ラスコーの壁に描かれた先史時代の絵画について論じるのではなく、壁画発見五〇周年記念祝典での共和国大統領の演説をもちいて、考古学はいかにしてフランスに『われらが祖先ガリア人』よりはるか昔に遡る記憶をもたらしてくれたかを分析することを重要視する」ものだと述べている（ノラ 二〇〇二：二二）。つまり、先史時代の出来事を実証していくことに力点を置くのではなく、その出来事が思い起こされるようないま・ここの「場」（祝典）がいかに形作られ、維持されているのかという視点から、歴史をとらえてみることを提案する。現在から振り返ることを通じて、いま・ここの私たちの前に立ち現れてくるものとして歴史をとらえようというのである。

では、現在から歴史をとらえなおすことの意義とはなにか。これを考えるにあたっては、歴史学者のテッサ・モーリス=スズキの、歴史には解釈としての歴史と、一体化としての歴史という二つの側面があるという指摘が参考になるだろう。出来事の因果関係や制度の系譜を探求していく解釈としての歴史と、「わたしたち」が想像力や共感によって過去をとらえる、一体化としての歴史があるとすれば、後者（一体化としての歴史）は私たちがアイデンティティを再考し、再確認するときの基盤となるという（テッサ 二〇〇四：二八）。つまり、現在から私たちが思い起こし（想起）、とらえる過去は、「わたしたち」という集団のアイデンティティ確認の手段なのである。だからこそ、現在から歴史をとらえなおすことで、集団のアイデンティティがいかに形成されていくのかを読み解くことができる。

ノラらのプロジェクトが成功を収めて以降、「記憶の場」をめぐる議論は活性化した。歴史学は事実に基づく実証的な歴史の検証から、歴史がいかに認識され、記憶されようとしているのか、それは誰のための記憶なのか、といった文化政治的な問題へと接続され、拡張されるようになったのである。

これを踏まえ、本章で行う西大門刑務所歴史館の分析は、その展示が事実として正しいのか否か、正しい「資料」に基づいているのか否かを検証したり、議論したりすることに主眼はない。むしろ「記憶の場」として、現在、誰のための歴史が韓国社会の中でいかに表現されているのかを、とらえることとしたい。

では次に、ミュージアムという「場」の特徴を理解しておこう。

国際博物館会議（ＩＣＯＭ）によれば、「博物館（ミュージアム）とは、社会とその発展に貢献するため、有形、無形の人類の遺産とその環境を、研究、教育、楽しみを目的として収集、保存、調査研究、普及、展示を行う公衆に開かれた非営利の常設機関（ＩＣＯＭ規約三条一項）」と定義される。日本では、ミュージアムに博物館や美術館という訳語が与えられるが、本来の意味では科学館や文学館、動物園や水族館なども含まれる。

ここまで見てきた「記憶の場」というテーマと、ミュージアムという場はどのようにかかわるのか。

そもそも記憶は抽象的な概念で、そのままでとらえられるわけではない。人は、想起をもたらすモノがあってこそはじめて記憶をとらえられる。スーザン・Ａ・クレインは、このような性質をもつ記憶を保持するために、ミュージアムというモノを収める場所が存在するのだという（クレイン　二〇〇九：八）。さらにいえば、モノがミュージアムによって蒐集されることは「制度的に記憶される」ことを意味するし、そのように集められたコレクションは人々に「想起」を促す（クレイン　二〇〇九：八）。だからこそ、ミュージアムに集められたモノは、あるまとまった「記憶」をとらえる手がかりとなるのである。

とはいえ、ミュージアムに収められ、展示されているモノやその解説に目を向けるだけでは十分でない。ミュージアム研究者の村田麻里子は、ミュージアムを「近代社会の欲望が形を与えたコミュニケーションの媒《なかだち》」であり、「大量のモノを一か所の空間に集め、順序立てて配置し、その空間配置を通じて物語やメッセージを構成して発信する」ような「空間メディア」であるとしている（村田 二〇一四：三五）。つまり、ミュージアムが想起させるものとは何であるのかを読み取ろうとするならば、展示を形作るさまざまな什器（ケース）や仕切り、順路の設定によって形作られた空間にも目を向ける必要がある。

以上の、「記憶の場」「ミュージアム」の議論を踏まえて、今回取り上げる西大門刑務所歴史館というミュージアムについて考えてみよう。ここは、かつての刑務所跡地に設立されている。刑務所として使用された建築物を公開すると同時に、そこでの歴史を語るモノの展示が行われている。この施設が来館者に想起させるものとは何か。これを、建物の配置、展示の配列や手法、カタログでの解説などの複合である「空間メディア」としてのミュージアム、という見方を手がかりに読み解いていこう。

西大門刑務所歴史館とは

西大門刑務所歴史館は、ソウル市西大門区に位置し、総面積一八万二六八三平方メートルの西大門独立公園内にある。公園自体は一九八〇年代末から整備されはじめるが、現在の姿になったのは、周囲の整備を経た二〇〇九年のリニューアルオープン後である。公園のある場所は、朝鮮王朝（李氏朝鮮）時代、義州路が通る主要交通路であり、大陸からの使節団を迎え入れた場所でもあった。

公園内には、清朝とのかかわりを示す迎恩門柱礎（大韓民国指定史跡第三三号）や、清国からの独立を記念して造られた史跡（史跡第三二号）の独立門、殉国先烈追念塔や三・一独立宣言記念塔などの記念碑が集まっている。ここで注目しておきたいのは、これらの記念碑がすべて一九四五年の光復（解放）以前の時間を想起させるものだという点である。公園は、ソウルの中でも朝鮮王朝末期から植民地期にかけての支配と抵抗をめぐる象徴的な出来事を、「われわれ」の記憶として想起するにあたって最適な場所であり、それを思い起こすための記念碑があふれる場所なのである。

表1　西大門刑務所歴史館に至る建物の変遷

1908年	京城監獄開所
1912年	西大門監獄に名称変更
1923年	獄舎増築　西大門刑務所に名称変更
1945年	（解放後）米軍政下でソウル刑務所に名称変更
1961年	ソウル矯導所に名称変更（刑務所制度からの変更）
1967年	ソウル拘置所（未決囚収監中心に）に変更
1987年	ソウル拘置所が京畿道義王市に移転
1988年	死刑場と獄舎が国家史跡指定（第324号）
1998年	西大門刑務所歴史館　開館
2007年	第一種専門博物館登録（第37号）博物館に。国家顕忠施設指定をうける
2010年	展示替え（復元事業の完了）
2011年	女獄舎復元完了、2013年から展示開始

さて、西大門刑務所歴史館の建物の歴史は、表1の年表にあるとおり、一九〇八年日本が半島への影響力を増す中で設立された大規模な近代監獄、「京城監獄」からはじまる。その後、監獄は西大門刑務所として拡張、解放後にはソウル刑務所、ソウル矯導所、ソウル拘置所と名を変えて使用された。一九八七年に拘置所が郊外に移転するのにともなって、跡地の一部が史跡指定を受け、一九九八年には西大門刑務所歴史館が開館した。その後、施設の復元や展示替えを経て現在に至る。

一九三〇年代の西大門刑務所（図1）と現在ミュージアムとして利用され見学コースに設定されている建物（図2）を見比べればわかるように、復元・保管され、利用されているのは、かつての施設のほんの一部に過ぎない。文化財をめぐってはいつの時代を「オリジナル」として復元するのか、という問題が常に存在するが、ここでは植民地時代の建物への回帰が目指されており、現

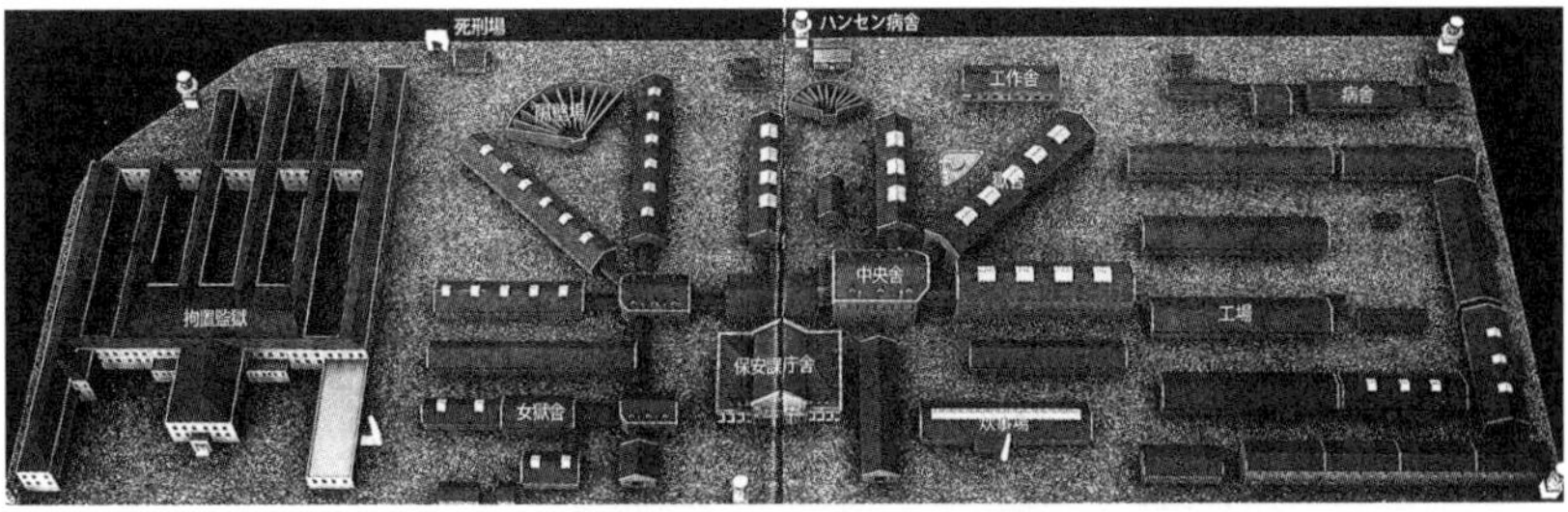

図1　1930年代の西大門刑務所

出典：『西大門刑務所歴史館　図録』2010年

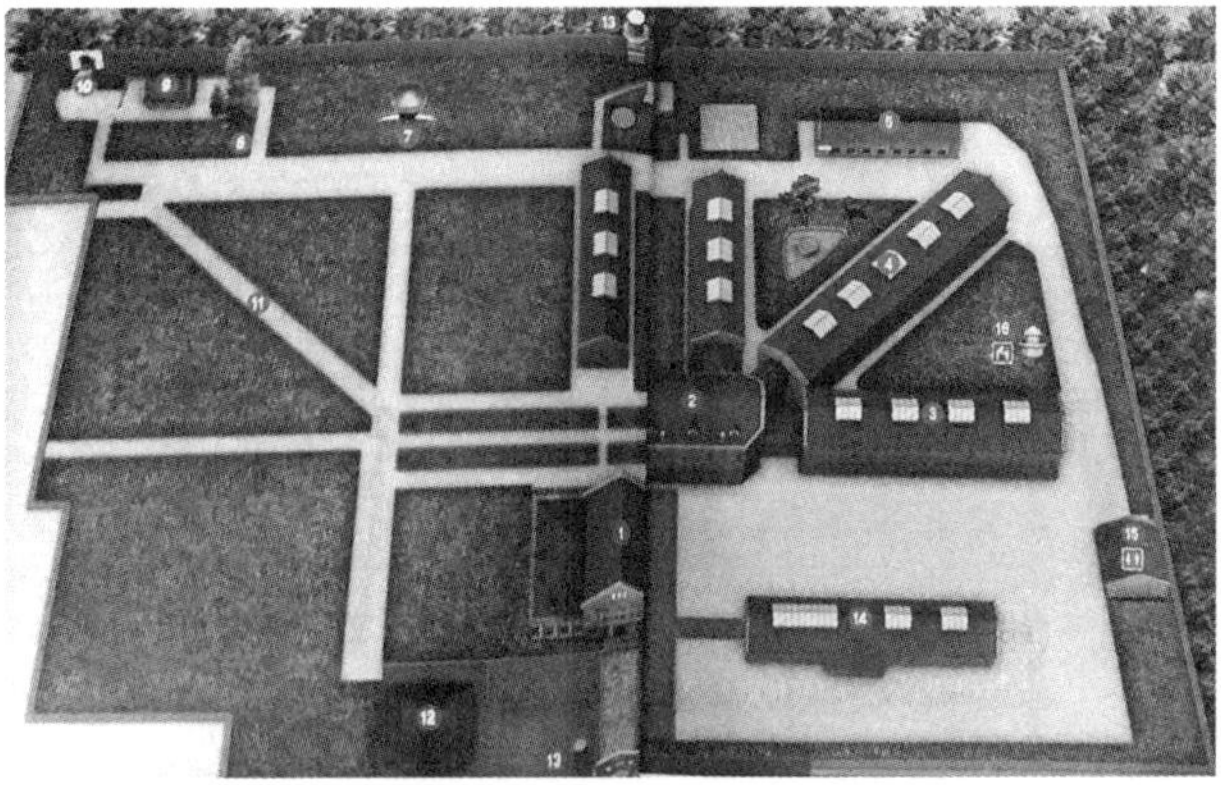

図2　2010年西大門刑務所歴史館施設配置図

出典：『西大門刑務所歴史館　図録』2010年

在も復元工事が進んでいる。

では、いよいよミュージアムに足を踏み入れることにしよう。

建物の配置と動線

来館者は、入り口の門をくぐってすぐ横にある発券所でチケットを購入すると、まっすぐに旧保安課庁舎へと進むよう促される。ここは展示館になっており、見学の始点となる。展示館から出ると中央舎へ、その後一一、一二獄舎をめぐるルートが提示されている。そして、工作舎、ハンセン病舎、死刑場を見て芝生の広場を歩き、旧保安課庁舎前に戻る。出口近くには、かつての厨房が復元された建物があり、ミュージアムショップになっている。

最後にお土産を買って帰宅するというルートである。二〇一三年から、入口左側に女性用監獄が復元・整備され、公開されるようになったため、ミュージアムショップに行く前にもう一施設見学する場所が増えた。

歴史館全体の順路は、旧保安課庁舎の歴史展示からはじまり、かつての獄舎を見ながら、獄舎での生活の様子を感じ取りつつ、復元された建物を堪能するようになっている。それが終わると、病が、そして死が語られる。女性についての物語は、一連の流れから切り離され、最後に提示される。そしてミュージアムショップでは、太極旗や西大門刑務所のペーパークラフトが売られており、歴史館を記憶にとどめるモノを持って帰宅できる。

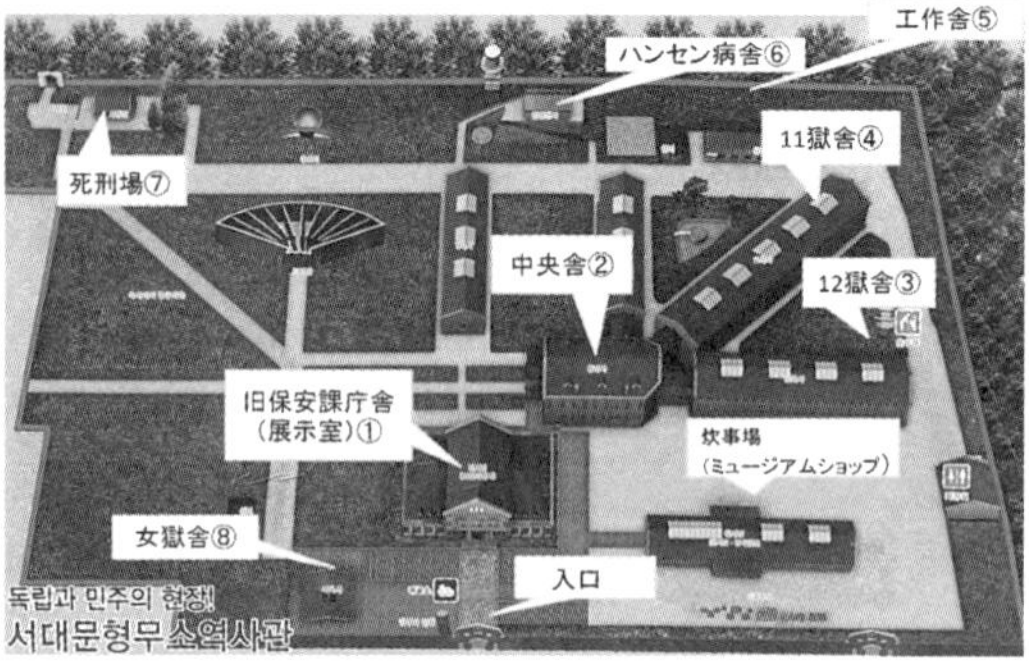

図3　歴史館内の見学順路

出典：『西大門刑務所歴史館　図録』2010年に著者加筆

図4　展示館内の順路を示す案内図（著者撮影）

歴史館内の回遊順序は指定されており、一つの建物が終わると、次の建物へ導く案内が提示される（図3）。展示館内の展示の見学順路もまた、厳密でかつ一方通行である（図4）。

このように、歴史館全体および展示の順路には、リニアな動線が設定されているのだが、動線上におかれた展示内容とはどのようなものなのか。

主となる歴史展示は旧保安課庁舎の建物の地上二階、地下一階部にある。展示は、順路とともに、過去から現在へという流れで進むのだが、一つの流れが館全体を貫いているわけではない。一階と二階それぞれで、植民地期から現在までの時間が繰り返される。そして、地下へおりると、再び植民地期の時空間にもどる。旧保安課庁舎の展示棟では、歴史が二度繰り返されたのち、過去にもどってそこにとどまる構造になっているのである。もう少し細かく見ていこう。

展示が想起させる「記憶」

旧保安課庁舎に入ってすぐ、一階の展示は、「京城監獄」が誕生するまえ、江華島事件(一八七五)の説明からはじまる。ここでは、京城監獄から西大門刑務所へ、ソウル矯導所・拘置所へと移行していった施設それ自体の歴史が語られる。最後はかつての建物が文化財として復元・保存されていること、史跡としての重要性へと物語が収斂する。この展示では、一九四五年の解放以降の出来事にもふれられており、「刑務所・矯導所・拘置所」の歴史として、いくつかの「主要な」民主化運動が紹介されている。「独裁政権」や「軍事政権」によってスパイへと「ねつ造」された人々が、弾圧を受けた事件が紹介されており、その犠牲者が「民主化」のための犠牲者として位置づけられているのである。このように一度、来館者は過去から現在までの時間の流れを、監獄という施設の変化とともに体感する。

一通りの時間旅行を終え、案内板に導かれて二階に上がると、再びそこは一九一〇年にもどっている。今度は時代を生きた人々、その「抵抗の歴史」に焦点をあてつつ展示が語りなおされるのである。一階の展示には「独裁政権」や「軍事政権」への抵抗の物語も存在したが、この階における抵抗は、日本の植民地支配に対する抵抗に限定されている。展示に解放後の世界は存在しない。

「日本への抵抗」として展示されているパネルの中には、かつて存在した労働運動、社会主義思想に基づく抗日運動の説明も含まれている。しかし、解放後の世界は存在しないので、こうした抵抗運動を担った多様な主体が存在したこと、また彼らがその後生み出した葛藤や分断は語られない。むしろ積極的にそれらは忘却されているのである。

さて、この展示の最後には刑場の一部が復元されている（実際に使われていた建物も敷地内にあるのだが、あえてここにも「展示」として配置されている）。二階の展示、さまざまに試みられた抵抗は、処刑場にこもる無念に接続される。そして展示の出口には突如独立万歳を叫ぶ人々のイラストと、西大門刑務所の八〇年の歴史、と締めくくるパネルが掲げられ、来館者は突如「現在」にもどってくることになる。

さて、二度目の現在にもどってきた後、来館者は館内最後の順路として、薄暗い階段を地下におりるよう指示される。そこには三度、植民地期の時空間が展開している。またもや、展示の時間は、植民地期にもどる。かつて取り調べ室であったとされる地下空間では、抑圧的な取り調べの様子が人形を使って再現され、拷問道具がハンズオン展示されている。子どもたちが窮屈な体制をとらせて閉じ込める拷問器具にすっぽり入り、余裕をみせて笑いあっていたりもする。地下の展示に時間の変化はほとんどない。

薄暗い地下の展示が終わると、展示が指し示す時間は動かないまま、中央舎・獄舎の展示へと導かれる。中央舎と獄舎では、その中を歩きつつ、監獄の構造や房を見学し、監獄での生活の様子を展示した展示品を眺めることになる。そこで展示されているのは、主に一九三〇年代の資料である。監獄で囚人はどんな服を着ていたのか、どのような食事をしていたのか、どのような労役についていたのか、またそれはどのように獄中記録として語り継がれているのかが説明される。一部の展示物には一九七〇年代に使用されていたものも混ざっているのだが、混在は無視され、多くが説明されないままである。あくまでもそこは、解放前のときを思い起こすべき場所なのである。

そして、獄舎めぐりを終えると、かつての死刑場であった場所を見学し、最後に死刑囚たちが見上げたポプラを前に沈黙することとなる。そして、広々とした散歩道を出入口方向へと向かって歩く。周辺に立ち並ぶマンションが見え、現在のソウルにいることをあらためて感じる。そして最後に、二〇一三年に公開されはじめた女性監獄に到着すると、もちろんまた、あの時代にもどるのである。ミュージアムの展示は、来館者に何度も同じ時間の「はじまり」を想起させる。フラッシュバックを繰り返すような植民地期への回帰は、ともすればトラウマ的な感覚を呼び起こすのではないだろうか。

メッセージの宛先を考える

では、西大門刑務所歴史館の展示は、誰に何を想起させようとしているのだろう。

案内板には、韓国語・英語・日本語・中国語で表記されたものと、韓国語・英語のみのものが存在する。メインのテーマを語るのは多言語であるが、細部の説明は韓国語・英語パネルのみとなっている。ただし、タイトルは必ず四か国語表記がなされている。体験用の器具につけられた説明には、韓国語のみのものもあった。

また、ミュージアムショップで販売されている、子ども向けの記入式観覧用教材は、小学校低学年向け、高学年向け、青少年向けが用意されているが韓国語のみである。ここが、韓国の子どもたちに対する学習の場と位置づけられている様子がうかがえる。図録は韓国語版・英語版と日本語版、中国語版が用意されていた。

これらのことから、展示は韓国語を解しない人にも、その内容がどのように語られているかはすべてわからなくても、何が語られているのかを読み取ることはできるようになっているといえるだろう。この点で、博物館は多くの人に開かれているようにみえる。

とはいえ、このミュージアムは博物館登録されていると同時に、国家顕忠施設指定も受けている。そのためなのか、旧保安課庁舎の展示室二階には、壁に受刑記録票が張りめぐらされた「メモリアルホール」と日本語・英語・中国語で表記される空間がある。韓国語表記では「独立運動家の受刑記録票」と記されている。韓国語を読み進め展示をめぐる者たちにとって、それが「メモリアル」であることを、あえて説明される必要はないのだろう。図録によれば、ここは「独立運動家の記録の中で、代表的に残っている受刑記録票」が展示されているのだという。

メモリアルホールは壁に記録票が貼られただけのがらんどうの空間だが、中央部分の床にはガラスタイルがはめ込まれており、光をはなっている。何があるのかと足を踏み入れると、人の気配を感知したセンサーが働く仕掛けである。ガラスタイルは映像モニターとなって文字を浮かび上がらせ、室内にはそれを読み上げる男女の声が鳴り響く（図5）。その内容は次のとおりである。

図5　メモリアルホール展示室内の様子
（著者撮影）

出てきてください
とても寒かったでしょう
とても大変だったでしょう
とても痛かったでしょう
とても恋しかったでしょう
出てきてください
そのつらい記憶から
もう　抜け出てください

あなたが命をかけ、守った大韓民国が
こんなにも大きくなりました
とても大きな大韓民国を見守り
よい道へと導いてください
大韓民国があなたを門の外で待っています

これを見てわかるように、声が語りかけているのは受刑記録票に残る運動家たちであり、声の主は今の大韓民国に責任をもつ存在であるとされる。声の主はメモリアルホールに掲示された受刑者たちに、「西大門刑務所」に澱むつらい記憶から抜け出し、この博物館の外に広がる現在の大韓民国へといざなう。この声によって、現代へと死者は召喚され、声に導かれつつかかげられた写真を眺める来館者は、召喚された「われわれ」に連なる死者の人生と思想を想起することになる。このとき、多くの追悼施設がそうであるように、西大門刑務所歴史館は大韓民国国民の「記憶の場」として立ち現れる。まさにテッサ・モーリス゠スズキが言うような、「一体化としての歴史」を体験させるのである。

何を記憶し／忘却するのか

以上、西大門刑務所歴史館のソウルにおける位置、建物と展示の配置と動線、そこで促される想起の様について確認してきた。まとめておくと、このミュージアムがたえず想起させるのは、「西大門刑務所」という名称が指し示す時空間であり、悪辣な日本と、無念に散った「われわれ＝韓国人」なのである。

では、ここから、現在の韓国社会のどのような姿が浮かび上がってくるだろう。二点ここでは考えてみたい。一つは、なぜ展示が何度も植民地期の開始を起点とした、解放前の時代を繰り返すのか、という点。もう一つは、ここがなぜ「西大門刑務所」でしかありえないのか、という点である。

まず前者について考えてみよう。歴史館の展示において、形を変えながら幾度も想起させられるのは植民地期の抵抗と〈日帝〉による弾圧である。何度も繰り返される語りには、物語をうまく語り終えたいにもかかわらず、どこか達成しえない苛立ちのようなものが感じられる。

国際政治学者の木村幹は、韓国を含めた東アジアの脱植民地化過程が、日本という敵の消滅による「勝者なき」過程であったことを指摘している（木村 二〇〇三）。つまり、展示は熾烈な抵抗の過程を細かく、あるいは高らかに語ったとしても、その最後には「死」を語るよりほかない。抵抗を通じて〈日帝〉を打ち負かし、獲得した勝利によって成立した国家を語ることができないからだ。抵抗の対象であった敵は、日本の敗戦によって突如彼らの前から消え去ってしまった。植民地期の記憶は、いくつかの典型化された物語に昇華されつつあるとはいえ、いまだすんなりと「終えることができない」傷となっているといえるのではないか。

二つ目の問題は、この、うまく終われない語りとも関係している。この場所に置かれた刑務所・矯導所は、一九八七年に至るまでの長い歴史をもつ。にもかかわらず、歴史館の名称は、なぜ解放前の一時期に使用された「西大門刑務所」なのか。もちろんここの展示は抵抗運動をした「植民地期」の人々が、「西大門刑務所」で経験した獄舎での過酷な生活に焦点をあてているからだ、とは答えられるだろう。

しかし、「西大門刑務所」に収監された彼らと、現在の「われわれ」をつなぐために、一九四八年に成立する大韓民国から現在までの「刑務所・矯導所・拘置所」の時代を生きた人々の過去を想起する必要はないのだろうか。また、一九四五年から大韓民国成立までに収監された人々の声はどこへいくのだろうか。うまく語り終えられなかった植民地期の時空間は、その後の記憶をも、うまく「想起」させられずにいるのではないか。「ソウル刑務所・矯導所」として使用されてきた韓国社会における歴史、さらにいえば、植民地期に、そして解放後の社会において行われた「抵抗」の対象や担い手の思想的多様性が、かつての半島の〝民族〟と現在の大韓民国の〝国民〟とのズレが、そこでは忘却されているのである。あるものを記憶するということは、あるものを忘却することでもある。ミュージアムもまた、何を「集めないか」をつねに判断している。

エルネスト・ルナンは、「国民の本質とは、すべての個人が多くの事柄を共有し、また全員が多くのことを忘れていること（ルナン 一九九七：四八）」と指摘しているが、この忘却こそが、韓国社会の現在を指示しているとはいえないだろうか。「記憶の場」をめぐる議論においては、そこに書き込まれ共有されているものと同時に、「忘れている」ものが何なのかもまた、「われわれ」の姿を指し示している。

「記憶の場」としての「西大門刑務所」は、解放前と解放後の社会を切り離し、解放前の社会を現在に直接的に再接続する装置として機能している。もちろん、メッセージはかならずしもそのまま受け手に読み取られ、その思考に働きかけるとはいえない。だが、優先的なメッセージとしてこの空間に刻み込まれたものがあるとすれば、それは、解放後、分断された〝民族〟をとりもどすために試みられたさまざまな思想と複雑な抵抗の諸相を、半島の北側半分の空間とともに忘却することなのではないか。韓国の「国民」という「われわれ」は、こうした不安定な記憶のさきに、紡がれているといえるだろう。

おわりに

以上、西大門刑務所歴史館の展示から現在の韓国社会がどのように過去をとらえ、自らを描き出そうとしているのかを見てきた。そこでは、脱植民地化過程のトラウマが、何度も回帰する展示の構造に現れているように読み取れた。また、展示されるモノや時代の選択と欠如は、植民地期の抵抗の想起と、解放から現在に至る時代の忘却を促しており、このことによって、「大韓民国の国民」というアイデンティティが成り立っているのではないか、と考察してみた。

もちろんこのほかにも、この場所から考えられることはたくさんあるだろう。今回は詳しく取り上げられなかったが、西大門刑務所歴史館には子ども用の学習教材がいくつか用意されている。これらのテキストが、展示のどの点に注目し、どのような解釈を共有させようとしているのか。内容分析を通じて、どのように「一体化としての歴史」を生み出そうとしているのかを考えてみてもよいだろう。

また、歴史館を見学する際にはガイドを申し込むことができる。館内では、課外学習に来た子どもたちが、ガイドの解説を聞きながらじっくりと館内をまわる姿も散見される。彼らと一緒にまわってみた場合、あるいは英語や日本語ガイドを申し込んだ場合では解説にどのような違いがあるだろうか、ないだろうか、参加者の反応は。そこから、この施設が誰にとっての「記憶の場」として機能しうるのかをさらに深く考えてみることができるだろう。

もちろん、ここを訪れた読者が、どのような記憶を「想起」したのかを手がかりに、東アジアという「記憶の場」について考えてみることもできる。

〔引用文献〕

エルネスト・ルナン「国民とは何か」ルナンほか著、鵜飼哲訳『国民とは何か』インスクリプト、一九九七年。

木村幹『韓国における「権威主義的」体制の成立――李承晩政権の崩壊まで』ミネルヴァ書房、二〇〇三年。

村田麻里子『思想としてのミュージアム』人文書院、二〇一四年。

ピエール・ノラ編、谷川稔監訳『記憶の場　一』岩波書店、二〇〇二年。

スーザン・A・クレイン著、伊藤博明訳『ミュージアムと記憶』ありな書房、二〇〇九年。

テッサ・モーリス＝スズキ著、田代泰子訳『過去は死なない――メディア・記憶・歴史』岩波書店、二〇〇四年。

〔資料〕

図録『独立と民主の現場西大門刑務所歴史館』（日本語版 二〇一〇年・韓国語版 二〇一四年）。

ICOM日本委員会（https://www.j-muse.or.jp/icom/ja/）ICOM規約（二〇〇七年八月改訂版）。

COLUMN

ソウル広場から光化門まで歩いてみよう

平田 由紀江

ソウル広場から光化門《クァンファムン》まで、世宗大路とその周辺を歩いてみよう。ここは、あらゆる意味で、韓国の「いま」を凝縮した場所であり、急速に変化する韓国の姿を知ることのできる場所だといえる。

新旧のソウル市庁舎前に位置するソウル広場は、二〇〇四年五月に誕生した。通りをはさんで向かいには朝鮮時代の王宮のひとつ、徳寿宮がある。

それ以前の二〇〇二年に日本と韓国で共同開催されたワールドカップサッカー大会を記憶する人なら、当時市庁前に集まった「レッド・デビル」と呼ばれる赤い衣装に身を包んだ韓国のサポーターたちの熱狂をおぼえていることだろう。現在のソウル広場は、市民の憩いの場であり、ときには韓国の政治・社会的イシューに対する市民の意見を表明する場所のひとつにもなっている。

旧ソウル市庁舎は現在、ソウル図書館として使用されている。この建物は日本統治時代に京城府庁舎として建てられ、その後、ソウル市庁舎として使用されてきた。二〇一二年に完成した新庁舎は、全面ガラス張りの建物で、「ツナミ」と呼ばれたそのデザインは、当初、議論の対象となった。

ソウル広場から景福宮方面へ大通りを進むと、右手に韓国プレスセンター、続いてソウルファイナンスセンターがある。そしてさらに行くと、同じく右手に「スプリング」と呼ばれるカラフルな渦巻き状のオブジェが登場する。清渓広場だ。そして、広場横の滝からはじまるのが、清渓川である。

清渓川は、一九五〇、六〇年代に進められた都市開発により暗渠化、その上に道路が作られ、さらにソウルの交通問題を解決するためその上に清渓高架道路が建設されたが、李明博・ソウル市長時代にその清渓高架道路を撤去し復元された。この「清渓川復元事業」(二〇〇三年七月—二〇〇五年九月)は、自然環境や歴史的場所の再発見という側面だけでなく、周辺の再開発やそのプロセスに市民がどうかかわったのかなど、海外からも注目を集めた。

さて、大通りに戻って景福宮のほうにさらに少しだけ進むと、世宗大路交差点に出る。交差点の一角には一民美術館がある。一民美術館は、一九二六年に建設された、韓国の大手新聞社である東亜日報の旧本社ビルをリノベーションした建物で、その上階には新聞博物館がある。さらに進むと、地下には大型書店の教保文庫がある。

世宗大路交差点から光化門まで、道路中央に広がるのが光化門広場だ。まず、文禄・慶長の役の際、朝鮮の水軍を率いた李舜臣将軍の像、そして少し離れたところに、ハングル文字を創製した朝鮮時代の王、世宗大王の大きな像がそびえ立つ。地下には二人にまつわる歴史を展示したスペースもある。

光化門広場では、さまざまなイベントや展示、集会などが行われる。

修学旅行中の高校生をはじめ多数の死者を出したセウォル号沈没事故(二〇一四年四月)の遺族らが犠牲者の追悼と真相究明を求めて二〇一四年七月に立てたテントは、約四年八か月のあいだ、光化門広場にあり、追悼する市民などが訪れていた。

また、二〇一六年には、朴槿恵《パククネ》退陣を求める大規模な「ろうそく集会」の中心地として多くの市民が集ったことは記憶に新しい。光化門広場が出発地となり、景福宮の裏手にある大統領府（青瓦台）の手前までデモ行進も行われた。

この広場をはさんだ世宗大路の左右には、左側に世宗文化会館、右側に駐韓アメリカ大使館と大韓民国歴史博物館が並ぶ。二〇一二年一二月にオープンした大韓民国歴史博物館では、韓国の近現代史に関する展示が行われており、見ごたえがある。ここからは、日本大使館前の、慰安婦を象徴する少女像もほど近い。

以上、ソウル広場から、観光客でにぎわう朝鮮王朝時代の王宮、景福宮とその正門である光化門まで駆け足で見てきたが、ソウルを訪れた際にはぜひ、歴史と現在が交差するこの場所に足を運んでほしい。

III

「移動」の諸相

4
インターネット空間

インターネット空間と韓国ジャーナリズム

森　類臣

はじめに

本章では、韓国のインターネット空間という「場所」について考察してみよう。

韓国では、オンライン（インターネット）におけるさまざまな動きがオフライン（リアルな日常生活）に直接結びついていく傾向がとても強い。オンラインとオフラインの垣根がなくなってきていると言ってもよいかもしれない。[1]その「進化（深化）」のスピードは日本よりも速い。韓国が「インターネット先進国」と言われるゆえんだ。今やインターネット空間は韓国（ソウル）の人々にとって、仮想空間ではなくリアルな生活の「場所」そのものなのである。この「場所」では毎瞬間膨大なコミュニケーション（意思疎通）が繰り広げられているが、そのようなたくさんのコミュニケーション中でも本章ではジャーナリズム（報道・論評活動）に着目したい。韓国ではオンライン・ジャーナリズムが大きな力を持っている。オンライン・ジャーナリズムの影響力は、ときには新聞やテレビといった伝統的なマスメディアをはるかに超える。新聞やテレビがいまだに大きな影響力を持っている日本の状況とは大きく違う。なぜ韓国ではこのような現象が起こったのだろうか。ジャーナリズムという活動に注目することによって、韓国のインターネット空間という「場所」を考えてみよう。これが本章の目的である。

「ジャーナリズム」と「公共圏」

「ジャーナリズム」という言葉をもう少し丁寧に見てみよう。本章の重要なキーワードだからだ。「ジャーナリズム」とは一般的によく使われる言葉であり、それゆえに誤解されるか、もしくは曖昧に用いられている。「マス・コミュニケーション（マスコミ）」「マスメディア」などの用語と混同されているのが実情だ。しかし、これらの用語は実はそれぞれ違う意味を持っているのである。「ジャーナリズム」という用語を中心にこの点を整理してみたい。

「ジャーナリズム（Journalism）」という用語を分解してみると「Journal（ジャーナル）」プラス「ism（イズム）」であることがわかる。「Journal（ジャーナル）」は「定期刊行物」であり「ism（イズム）」は「主義」である。すると、「ジャーナリズム」は「定期刊行物主義」と日本語訳することができる。定期刊行物を通して、ニュースを報道し論評する活動を指す用語が「ジャーナリズム」なのである。報道・論評は人間が行う意識的な活動であるため、活動に従事する人間の姿勢、哲学、思想などが反映される。(2)

ジャーナリズムは、あらゆる情報の中から、市民が自治を行い社会生活を営むうえで必要不可欠な情報を選別し提供している。端的にいえば、市民の「知る権利」を代行しているのである。したがって、ジャーナリズムがないところでは社会がうまく機能しない。アメリカ独立宣言の主要な起草者でアメリカ合衆国第三代大統領のトマス・ジェファソンは、「新聞なき政府か、政府なき新聞か、いずれを持つべきかの決断を迫られたら、私は一瞬のためらいもなく後者を選ぶであろう」と言ったが、ジャーナリズムの役割を言い当てている名言だろう。

ジャーナリズムは、従事する人間の姿勢・哲学・思想などが活動の基礎となる。しかし、ジャーナリズムは社会の中で実践されるものであるから、従事する人間が自分勝手に行えばよいというものではない。歴史的に培われてきたルールや原則があるのである。このルールや原則は、学者やジャーナリストによってさまざまに整理されてきたが、基本的な考え方は似通っている。[3] ここでは代表例として、米国の有名なジャーナリストであり研究者でもあるビル・コヴァッチとトム・ローゼンスティール（二〇一一）が指摘している九つのジャーナリズムの原則を取り上げてみよう。米国の大学のジャーナリズム・スクールでは学生にこのような原則を教えている。

ジャーナリズムの原則九か条

①ジャーナリズムの第一の責務は真実である。
②ジャーナリズムは第一に市民に忠実であるべきである。
③ジャーナリズムの真髄は検証の規律である。
④ジャーナリズムに従事する者はその対象からの独立を維持しなければならない。

⑤ジャーナリズムは独立した権力監視役として機能すべきである。
⑥ジャーナリズムは大衆の批判および譲歩を討論する公開の場を提供しなければならない。
⑦ジャーナリズムは重大なことをおもしろく関連性のあるものとするよう努力しなければならない。
⑧ジャーナリズムはニュースの包括性および均衡を保たなくてはならない。
⑨ジャーナリズムに従事する者は自らの良心を実践することを許されるべきである。

この原則は韓国のジャーナリズム界においても守られなければならないものとされており、もちろん、インターネット空間においても同様である。

次に、「公共圏」という言葉を考えてみよう。公共圏というキーワードは、政治学・社会学・歴史学などの学問領域を横断して出てくる有名な概念だ。ジャーナリズムについて議論するときは特に大事である。インターネットと社会の関係を学ぶときにも必ずといってよいほど登場する概念である。

公共圏とは、人々が自由に議論する場所において生成される、ある種の社会空間である。この公共圏について歴史的な形成過程とその特性を整理したのはユルゲン・ハーバーマスという学者である[4]。

公共圏は言論によって作られる空間だ。その空間の中では社会的に重要な問題についてさまざまな議論が展開されるが、議論が活発になればなるほど、よくない意見は淘汰されて、よりよい意見が浮上するようになるという。社会的に重要な問題を解決するときはよりよい意見を求めなければならないので、したがって、公共圏は社会全体にとって必要な空間となる。近代から現代にかけてはこの空間を提供するがマスメディア、特に紙媒体の代表格である新聞や雑誌、そしてテレビ・ラジオなどの放送メディアであった。「あった」というのは、今はインターネット空間が新聞やテレビに代わって公共圏として注目されているからである。

ハーバーマスによると、公共圏はある日突然できたものではなく、歴史的条件のもとに形成された空間である。それは、西欧が近代へ向かい、その中で新興資本家（ブルジョワジー）が台頭してきたことと関係している。一八世紀の西欧では、コーヒーハウスやカフェ、サロンなどにブルジョワジーや芸術家、著述家などが出入りしていた。コーヒーハウスやカフェ、サロンで彼らは情報交換して自分の事業に必要な情報を得たり、文芸的な議論をした。ブルジョワジーを中心に、実際の社会的身分を離れて自由な議論が自律的に行われていたのである。このような状況に、急速に発達してきた印刷メディア（新聞）が媒体として加わることによって変化が生じた。印刷技術の発達によって大量生産が可能になった新聞は政治権力者（王）に注目された。新聞を通して命令を広範囲に知らせることができるからである。王は新聞を通してブルジョワジーへ命令や指令を発するようになり、ブルジョワジーは新聞を通してその命令・指令を受けることになったのである。しかし、資本力を背景に社会的発言権を増してきたブルジョワジーは、王の命令・指令を無条件に受け入れはしなかった。命令・指令に合理性があるか、なぜ自分たちがしなければいけないのかを新聞紙上で問いただした。つまり、いくら王の命令・指令だと言っても、非合理的なものは受け入れないという姿勢に出たのである。言論の公開性を通して支配の合理化を要求したといえよう。ここに至って、当初は「文芸的」であったカフェやコーヒーハウス、サロンなどの議論の空間は、新聞の登場によって「政治的」に変化した。ハーバーマスのいう公共圏は、このような歴史的分析によって主張された概念である。(5)

もう一つ、「対抗的公共圏」という考え方を説明しておこう。米国の政治学者ナンシー・フレイザーは、ハーバーマスが論証した公共圏の定義を受容しつつ、ハーバーマスの議論の一部に批判を加えている。それは、公共圏は原則としては参加者それぞれが自由な立場で議論することになっているが、現実的にはやはり力や立場の強い者が弱い者を支配・排除する構造にあり、社会的少数者（マイノリティー）集団の意見を尊重するためには、社会的多数者（マジョリティー）が発言力をもつ公共圏ではなく、もう一つ別の公共圏が必要であるというものだ。フレイザーはこれを「対抗的公共圏」と名づけた。社会的多数者が支配する公共圏に対抗する、もう一つの公共圏である。「公共圏」「対抗的公共圏」という概念は、インターネットにおけるジャーナリズムを考察するときに有効な概念である。

以上学んだ「ジャーナリズム」「公共圏」という概念をキーワードに、次からは韓国におけるインターネット空間とジャーナリズムについて詳しく見ていこう。

韓国のインターネット環境と特徴

韓国は一九九〇年代後半からインターネット社会に突入した。一九九九年三月には、金大中政権が「サイバーコリア二一（Cyber Korea 21）」政策を実行すると発表した。この政策は、韓国国内にインターネット接続インフラを張りめぐらせ、高度に情報化され生産性の高い国づくりを目指すものであった。より直接的には、アジア通貨危機[6]で大打撃を受けた韓国経済を、情報技術産業の力で立てなおすという狙いがあった。実際に、情報技術産業に多くの投資がなされ、それによって商用インターネットサービス提供者は価格競争と速度競争に突入した。より安くより速いインターネットの使用が可能になりはじめたのである。

初期には限られたメンバーだけが参加する形式の「パソコン通信」が流行したが、後にポータルサービスに取って代わられた。特に、ポータルサイト「ダウム（다음／Daum）」が「カフェ（café）」というコミュニティサービスを開始し、爆発的な人気を得た。

このような状況で、一九九九年九月には韓国版「フェイスブック」であるサイワールド（싸이월드／Cyworld）が

ミニホームページサービスを開始し、大流行した。日本では二〇〇四年二月にミクシィ（mixi）がSNSサービスをはじめ爆発的な人気を得たが、韓国はその約四年半も前にすでにSNSが大流行していたのである。

二〇〇〇年二月には、独立系インターネット新聞『オーマイニュース』（오마이뉴스／Ohmynews）がサービスを開始し、大きな影響力を持ちはじめた（『オーマイニュース』については、七四頁から詳述する）。『オーマイニュース』の登場は韓国ジャーナリズムの一つの転換点であった。

二〇〇二年になると、超高速インターネット加入世帯が一〇〇〇万を突破した。その後、二〇〇四年にはインターネット利用者数が三〇〇〇万人を突破した。この時点で韓国国民の約六三パーセントがインターネットを利用している結果になった。若者を中心としたインターネット世代がインターネット上で活発な政治活動を繰り広げたのもこの頃である。二〇〇三年の第一六代大統領選挙に向けて「ノサモ（노사모／盧《ノ》武《ム》鉉《ヒョン》を愛する集まり）」などがオンライン／オフライン選挙運動を展開したのである。

二〇〇四年には、「ダウム」と双璧をなすポータルサイト「ネイバー（네이버／Naver）」が「知識iN」という知識検索サービスを提供し、大きな反響を得た。「ネイバー」の快進撃は止まらず、二〇〇六年には老舗の「ダウム」を抜いて韓国内検索市場占有率一位となった。以降、韓国の世論と文化に大きな影響を与え続けている。韓国は「グーグル」が苦戦を強いられている数少ない国だ。

最近では、パソコンだけではなくスマートフォンによるインターネット接続が当然となっている。二〇一〇年にはスマートフォン使用者が急増し、インターネットサービスのモバイル化が急激に進行した。その後、スマートフォン無料メッセンジャーサービスである「カカオトーク」が開始され、急成長を遂げた。カカオトークは現在日本でも認知度が高いので、知っている、もしくは使用している読者も多いと思う。

インターネットの発達はコミュニケーションのあり方に大きな影響を与えた。当然、ジャーナリズムにも大きな影響を与えたのである。その詳細を次から見ていこう。

インターネット空間におけるジャーナリズムと公共圏

インターネット関連のインフラが整備されるにつれ、ジャーナリズムを標榜する既存の報道機関は次々にホームページを開設しニュースを提供しはじめた。たとえば、大手新聞社である朝鮮日報社は、一九九五年一〇月にデジタル朝鮮日報社を設立し、同年一一月に『朝鮮日報インターネット新聞』を創刊した。また、同じく大手新聞社の東亜日報社は一九九六年六月に東亜日報インターネット新聞サービスを開始し、同年一〇月に、インターネット新聞を専門とするマイダス東亜日報社を設立した。

一方で、紙の新聞を持たない、インターネット空間だけで勝負する独立系報道機関が二〇〇〇年代に現われた。そして、それらの独立系インターネット新聞は大きな影響力をもち、国政の政局を左右するまでになった。インターネット空間にジャーナリズムの主流がシフトし続ける現象は現在も進行中である。では、韓国ではどのようにインターネット新聞が登場し、その背景は何だったのか。そして、日本とは違いどうして大きな影響力をもち得たのか。ここでは代表的な事例二つを挙げながらこの問いを考察してみる。

(1) インターネットニュース革命——『オーマイニュース』

『オーマイニュース』はインターネットの特性をフル活用した斬新な新聞として、二〇〇〇年二月二二日午前二時二二分に創刊された。インターネット時代にふさわしい、みずみずしい印象を与える登場であった。代表の呉連鎬《オヨンホ》氏は、なぜ創刊日に数字の二を並べたのかという質問について、「二〇世紀のジャーナリズムに決別し、二一世紀の新しいジャーナリズムとなるという決意を込めた」と語った。呉氏の決意どおり、『オーマイニュース』は新しいタイプの報道機関として創刊後数年で世界的に注目されるインターネットメディアに成長した。

『オーマイニュース』の核心は「すべての市民は記者である」という哲学である。呉氏は『オーマイニュース』を創業する前は雑誌記者であった。特ダネ（スクープ）報道を多くする敏腕記者であったが、雑誌記者であったがゆえに新聞記者・放送記者から同格のジャーナリストとして扱われず、記者クラブの厚い壁に阻まれてブリーフィングに出席することもままならなかったという。呉氏は、何度も疎外感を感じたこの経験をもとに、大手メディアの特権性を否定し、あらゆる人が取材し報道する権利があるという「すべての市民は記者である」という哲学を確立した。この哲学は実際に『オーマイニュース』の市民記者制度として実践された。『オーマイニュース』に登録し一定の手続きさえすれば『オーマイニュース』所属の市民記者として認定を受け、記事を『オーマイニュース』上に書くことができるのである。この市民記者制度の根幹にあるのは、「準備された市民」という概念である。「準備された市民」とは、呉氏の言葉を借りれば「社会共同体が抱えている問題に自ら参加しようと思う市民」である。(7)

『オーマイニュース』は、市民記者による生活関連記事と、プロの記者による調査報道の両輪で人気が出た。プロの記者による調査報道は、数時間に及ぶ生中継や、アップロード時間・記事量を問わない連続的な報道、読者との双方向性などインターネットの特性を十分に生かしたものであった。既存マスメディアの権力性を批判するキャンペーンも行った。

二〇〇二年一二月の第一六代大統領選挙では、『オーマイニュース』は、当時候補者であった盧武鉉を支持するネティズンが集まる「場所」となった。日本では、特定のメディアが選挙において特定の政治家あるいは政治団体を支持することはタブーのように言われているが、『オーマイニュース』は違った。「あまりにも保守勢力が強い韓国の言論状況を、少なくとも保守勢力対進歩（革新）勢力の割合が五〇対五〇になるように変える」というのが『オーマイニュース』の目標であったからだ。そのような意味で、『オーマイニュース』は「不偏不党」とは距離が遠いメディアであった。政治的信条がはっきりしていたのである。代表の呉氏自身が、学生時代に進歩勢力の社会運動に参加しており、進歩勢力の雑誌『言葉』の記者だったという背景ももちろんあるだろう。盧武鉉を支持するネティズンによって『オーマイニュース』は、事実上保守陣営を支持した大手メディア（『朝鮮日報』等）に対するカウンターメディアとなった。

盧武鉉が大統領選挙に勝利した後に、一番最初の単独出演の場として『オーマイニュース』を選んだことは、『オーマイニュース』が盧武鉉勝利に大きな影響を及ぼしたことの傍証になっているといえる。『オーマイニュース』の活動は、「市民に忠実であること」「重大なことをおもしろく関連性のあるものとするよう努力すること」というジャーナリズムの原則に照らして高い評価を与えることができる。特に、市民記者制度は、市民の高いモチベーションとITが効果的に融合した好例であり、インターネット時代のジャーナリズム実践において先駆的モデルとなった。

また、大手メディアが形成した公共圏とは違う「対抗的公共圏」を『オーマイニュース』が作り上げたことも評価に値する。新聞・放送という新規参入の壁が高いメディア状況では対抗的公共圏を作るのがなかなか難しかった。しかし、インターネットの登場によってユーザーの双方向のコミュニケーションが可能となり、議論の場を創出するのが比較的容易になった。二〇〇二年の第一六代大統領選挙のときは、対抗的公共圏が政治的作用をもたらし、盧武鉉大統領誕生というイベントまで続いた。これは、政治的公共圏による現実政治への作用の代表例になるのではないだろうか。

『オーマイニュース』が市民記者制度として具体化した市民参画ジャーナリズムは、市民がインターネットを通して共同体へ参加することを活性化させた。大手マスメディアの報道を信じず、自らが現場に出てインターネットという「場所」を通じて報道を実践するという現象が巻き起こった。この傾向は二〇〇八年のキャンドルデモで最高潮に達した。次にその様子を詳細に見てみよう。

(2) 市民によるジャーナリズム活動――二〇〇八年キャンドルデモ

二〇〇八年五月、韓国では米国産牛肉を輸入しようとする政府の動きに反対する運動が活性化し、市民による大規模なデモがソウルを中心に巻き起こった。輸入牛肉におけるBSE(牛海綿状脳症)の危険性が指摘されたからであった。ほぼ毎夜キャンドルデモがソウル中心部を埋め尽くした。ソウルにおけるデモは全国に飛び火し、地方の主要都市でもキャンドルデモが行われた。米国産牛肉輸入反対を掲げていたデモは、次第に李明博政権(当時)の政策全体を問題視するデモに変化した。デモの最前線は警察と激しくぶつかっていたが、最前線以外は比較的平和な雰囲気を保ち、路上ライブなど各種文化行事を行ったり、食べ物を提供する店も出ていた。参加者も、高校生のグループ、ベビーカーをともなった母親たちによる「乳母車部隊」、サラリーパーソンによる行進など社会階層・ジェンダー(社会的性差)も多種多様であった。このことから二〇〇八年のキャンドルデモは「キャンドル文化祭」とも呼ばれた。

キャンドルデモの現場には多くのマスメディア記者がいた。デモ側から取材していたマスメディアは『ハンギョレ』『京郷新聞』など大手新聞、通信社の『連合ニュース』、KBS(韓国放送公社)やMBC(文化放送)などの各放送局、外国の新聞社などであった。先ほど事例として取り上げたインターネット新聞『オーマイニュース』もいた。しかし、このような有名なメディア記者以外に、「第三の記者」ともいうべき記者がたくさんいた。それは、職業記者ではない、普通の市民であった。市民が自ら現場をリポートしインターネット空間に現場の情報をアップしていたのである。

警察が築いた封鎖エリアとデモがぶつかる最前線において、普通の市民がデジタル機器を手に生中継をしていた。三人一組となり、一人はマイクを片手に実況中継し、もう一人はデジタルビデオカメラによる撮影担当、三人目はノートパソコンを持っていた。音声と動画はノートパソコンを通してその場でインターネットにアップしていったのである。アップロード先には、インターネット映像配信サービスを行う『アフリカＴＶ』(http://www.afreecatv.com/)が主に用いられた。『アフリカＴＶ』は、簡単な操作で個人が作った動画をアップロードできるＳＮＳ型メディア・プラットホームである。デモにこれから参加しようと思っている人は、大手のマスメディアの実況中継も参考にするが、『アフリカＴＶ』の実況中継を見て、参加する場所とタイミングを確認したケースが多かったようである。キャンドルデモにおける『アフリカＴＶ』の影響力は当時とても大きかった。

一方で、動画ではなく写真による報道に力を注いだ市民もいた。デジタルカメラ愛好家たちが運営するオンライン・コミュニティ「ＳＬＲクラブ」(http://www.slrclub.com/)の会員による「市民記者団」である。キャンドルデモの現場では、カメラ愛好家が「市民記者団」という腕章をつけプロ記者並の重装備のカメラを備えて報道活動を行っていた。撮影した写真は、ポータルサイト『ダウム』内に開設した市民記者団ブログ(http://citizenspress.tistory.com/)などに、解説とともに次々とアップされた。

市民自らが自分の目線で報道する方式は斬新だ。誰でも情報をオンラインで公表できるのがインターネットの特徴だとしても、大手マスメディアを信用せず、市民自らが記者となって現場をリポートし論評していく積極的な政治社会参与は、『オーマイニュース』の市民記者と通じるものがある。

一方、市民は現場を眺めリポートするだけではなかった。オンラインで議論を活性化させ、オフラインでの政治行動を行ったのである。その中心が、ポータルサイト『ダウム』内の討論コーナー「アゴラ」(http://agora.media.daum.net/)である。「アゴラ」は二〇〇四年一二月にサービスを開始した。「アゴラ」とは古代ギリシア語で「広場」を指す。古代ギリシアの都市国家で直接民主制が行われていた「場所」＝討論の場である。討論サイト「アゴラ」はこのギリシア語から名前をとっている。

キャンドルデモ発生前後の二〇〇八年五月の「アゴラ」は、「討論」「話」「写真ボード」「請願」「一〇〇分討論・追跡六〇分」という区分に分かれており、それぞれの中でさらに細分化されていた。「アゴラ」に上がった意見・記事をユーザーが評価するシステムがあり、賛成・反対が割れて議論を巻き起こしそうな意見・記事は「ベスト」という項目に分類され、ページの一番上に上がる仕組みになっていた。「アゴラ」ユーザーは活発な討論を繰り広げるため、別名「キーボード・ウォーリアー（keyboard warrior）」と呼ばれていた。

図１ キャンドルデモの様子

当時、李明博政権はデモの進行を妨げるために大統領官邸へと続く世宗路を警察車両でふさいだ。写真は李舜臣像のすぐ前である。市民は警察車両の屋根に上がり、さまざまな旗（所属団体のものが多い）を掲げてデモを行った。左上に「アゴラ」の旗も見える。（著者撮影）

いろいろな立場にいる人間が「アゴラ」というサイバー空間に集まって議論し、社会問題解決について議論し意見を練り、実際に行動にまで移した例が多数あった。そのプロセスが興味深い。なぜなら、「アゴラ」の運営者（つまりポータルサイト『ダウム』の運営者）が組織的に関与したわけでもなく、「アゴラ」参加者が自発的に行ったからである。キャンドルデモにおいても同様であった。「アゴラ」参加者はデモの方向性について議論をし、行動した。参加者の何人かは、手製の「アゴラ」旗を作ってデモ現場に出た。著者はデモ現場で翻る「アゴラ」旗を実際に見たが、旗の大きさもデザインも旗ごとにまったく違い個性があふれていた。これは、「アゴラ」が組織性ではなく自発性をもとにした空間であることを物語っていた。『オーマイニュース』の市民記者制度との違いは、『オーマイニュース』があくまで報道機関であるのに対して、「アゴラ」は議論のための場所であるという点である。

大手メディア、特に『朝鮮日報』『東亜日報』『中央日報』という大手新聞三紙（三紙の頭文字をとって「朝中東」という場合もある）の報道に対する批判も「アゴラ」ユーザーたちは積極的に推進した。「朝中東」がキャンドルデモの報道を非常に恣意的かつ歪曲して行うというのがその理由であった。「アゴラ」ユーザーはすぐに「朝中東」に対するアンチ運動を展開した。オンラインからオフラインでの行動に移行したのである。具体的には、『朝鮮日報』の広告主に抗議し圧力をかけるという戦略をとった。(8)

実は、「アゴラ」を含むインターネット空間が二〇〇八年キャンドルデモのときに「公共圏」たりえたかという議論は、韓国の学界・言論界でも行われた。(9) 少なくとも「アゴラ」という空間の中では、社会的階層は関係がなく、比較的自由で平等な立場で議論が行われた。現状認識、共感・反論、議題設定、解決法の提示、行動の呼びかけなどの議論のプロセスが経られた。この点で、「アゴラ」は公共圏としてある程度成立していたといってもよいかもしれない。

しかし、「公共圏」の成立要件から考えると、問題点も指摘できる。キャンドルデモに限って言うと、これらの議論はデモに肯定的な感情が基本となっている。つまり、当時の政府に批判的な視点が土台となったうえで、政策の間違いや社会問題について議論していくのである。この点で、「アゴラ」内では、政府に肯定的な意見の持ち主は、そもそも存在するのが難しい。当時の政府を支持する人が「アゴラ」で意見表明をすれば、集中的な批判を受ける可能性が高いため、最初から「アゴラ」を避けるのが通常だろう。

著者は、「アゴラ」の意義は、公共圏として成立したかどうかよりも、既存の主流メディアを中心とした「公共圏」では提示できなかった議論を確立・活性化させたことにあると考える。すなわち、「対抗的公共圏」もしくはそれに近い存在感を見せたということである。

二〇〇八年のキャンドルデモでは、市民自らがITを用いて現場を取材し報道する現象が数多くみられた。その動機や精神は、現場で何が起こっているのかを求めるものであり、市民による自発的な報道はデモに参加している市民の視点を直接的に提供した。市民は、真実（truth）追究過程における事実（fact）の収集というジャーナリズム活動の基本中の基本をそれなりのスタイルで実践した。この点で市民の姿勢には肯定的な評価を与えることができるであろう。市民たちのこの行動は、自分が体験している臨場感を他人へ伝えたいという表現欲求に由来している部分もあったが、同時に、大手メディアの報道への不信感という理由も大きかったのである。

もちろん、市民による報道が、本章の冒頭で示したジャーナリズムの原則（「検証の規律」や「対象からの独立」）に忠実であるわけではない。ただ、市民は職業的なジャーナリストではないので、この点はある程度仕方がないだろう。逆にいうと、ITの発達により技術的にはプロフェッショナルとアマチュアの壁が狭まっている現在、両者を分ける決定的な要素とは何か、ということが重要になってきている。ジャーナリズムの原則を自覚し、ジャーナリストのプロフェッショナリズムとは何かを真摯に探求する姿勢が求められているのである。

おわりに

本章では、「ジャーナリズム」と「公共圏」をキーワードに、インターネット空間という場所を通して韓国社会を観察してみた。実際は、本章で取り上げた事例以外にも注目すべきことは多々あり、二〇〇八年以降にも韓国のインターネット空間とジャーナリズムをめぐって重要な現象が頻発する。たとえば、二〇一一年四月には、ポッドキャストに

よる音声メディアである『ナコムス（나는 꼼수다／俺はみみっちい奴だ）』が登場した。『ナコムス』は徹底的な政権批判を繰り返して好評を博した。二〇一二年には、韓国初のメディア協同組合である『国民ＴＶ（국민ＴＶ）』が登場した。同時期には、調査報道に注力して権力監視を行う『ニュース打破（뉴스타파）』が登場した。いずれも、インターネット空間を存分に活用しているメディアである。

一方、ネガティブなものも散見される。韓国のインターネット空間で注目されてきたのは、憎悪表現や嫌悪感情の拡散である。日本でいう「2ちゃんねる」のような総合掲示板である「日刊ベスト貯蔵所（일간베스트 저장소）」では、ヘイトスピーチとレッテル貼り（女性蔑視、地域差別、外国人排斥など）が繰り返されている。また、女性蔑視の言論が氾濫している状況に対抗して、ミラーリング戦略で女性嫌悪に対抗するサイトであるメガリア（메갈리아）が設立され活発な言論を繰り広げる状況も発生した[10]。このような現象をみると、インターネット空間は公共圏として機能するよりもネガティブな感情の伝達空間として機能する可能性が高いということもいえるかもしれない。

韓国のインターネット空間は韓国社会を見るうえで重要な「場所」であり、本章ではジャーナリズムを中心にその実態を説明した。「場所」としてのインターネット空間は、理論的にも実践的にもこれからますます重要性を帯びることになるだろうし、引き続き注視していく必要があろう。

注

（1） 韓国で二〇一五年に公開された映画「ソーシャルフォビア」（ホン・ソクチェ監督、ビョン・ヨハン主演）は、まさにこのオンライン／オフラインの問題を扱った意欲作だ。インターネット掲示板やＳＮＳなどオンラインで繰り広げられる人間の優越感、嫉妬、恐怖、攻撃性などがオフラインの世界とリンクしていく、実に現実味のある作品だ。一九八二年生まれのホン・ソクチェ監督はインターネット世代だ。ホン監督はこの作品で、ひどく傷つきながらも結局オンラインに依存してしまう人々の姿を現代韓国の一断面として描いた。

（2）これに対して、「マス・コミュニケーション（Mass Communication）」の直訳は「大衆伝達」である。不特定多数の「大衆（Mass）」に新聞・雑誌・テレビ・ラジオなどの伝達道具を使って大量の情報を送出・伝達することである。また、「マスメディア（Mass Media）」は大衆への情報伝達を可能にする「媒体（media）」つまり道具や手段を指す。これには、新聞・雑誌などの活字媒体やテレビ・ラジオなどの電波・放送メディアが含まれるが、近年ではインターネット媒体も含まれることがある。伊藤守編著『よくわかるメディア・スタディーズ』（ミネルヴァ書房、一六二—一六五頁、二〇〇九年）を参照。

（3）基本原則について述べた文献は多いが、代表的なものとしては本章で取り上げたビル・コヴァッチ／トム・ローゼンスティール著、加藤岳文／斎藤邦泰翻訳『ジャーナリズムの原則』（日本経済評論社、二〇一一年）やウィッカム・スティード著、浅井泰範翻訳『理想の新聞』（みすず書房、一九九八年）などを参照。

（4）ユルゲン・ハーバーマスは、ドイツのフランクフルト学派第二世代に属する哲学者・社会学者で、その専門領域は広く、さまざまな学問分野に大きな影響を与えた。また、現実の政治社会に積極的に発言する学者としても有名である。一九六二年に『Strukturwandel der Öffentlichkeit』（日本では『公共性の構造転換』という題名で未來社から出版された。初版は一九七三年、第二版は一九九四年）を出版し、メディアによって作り出される社会空間に対して新しい理論を提示し、学界に衝撃を与えた。

（5）一方で、花田達朗が主張してきたように、「公共圏」は空間的な概念であることも非常に重要である。日本におけるハーバーマス研究の第一人者である花田は、ハーバーマスのいう「Öffentlichkeit」を「公共圏」と訳した。この訳は現在多方面で認知され使用されている。「Öffentlichkeit」を「圏」という訳した理由について、花田は、「Öffentlichkeit」は空間的な概念であるためと説明している。なお、「Öffentlichkeit」を空間的にとらえるという視点は、『事実性と妥当性——法と民主的法治国家の討議理論にかんする研究』でハーバーマス自身も認めている。

（6）一九九七年に起こった通貨下落現象とその影響。韓国は大企業が倒産するなど経済全体において大きな損失を被った。

（7）二〇〇四年九月一五日に同志社大学で行われた呉氏の講演会による発言。

（8）アゴラの廃人たち編『大韓民国常識辞典アゴラ』（キツネとタンチョウ社、八五頁、二〇〇八年）。

（9）たとえば次の記事がある。『京郷新聞』二〇〇八年五月二六日記事「저항의 메카「다음 아고라」…떠오르는「인터넷 공론장」주목」（「抵抗の作り手「ダウムのアゴラ」…浮上する「インターネット公共圏」注目」）。

http://news.khan.co.kr/kh_news/khan_art_view.html?artid=200805261825485&code=940702（最終閲覧二〇一六年八月二四日）

（10）韓国の代表的通信社である「聯合ニュース」によると、「メガリア」について分析した初の学位論文（修士論文）が高麗大学に提出された。この記事によると、論文のキーワードは「対抗的公共圏」である。『연합뉴스』二〇一六년八월八일「메갈리아 전략은 남성 이데올로기・가부장제 균열 시도」（『聯合ニュース』二〇一六年八月八日「メガリアの戦略は男性イデオロギー・家父長制亀裂が狙い）http://www.yonhapnews.co.kr/bulletin/2016/08/07/0200000000AKR20160807049900004.HTML（最終閲覧：二〇一六年八月二四日）。

〔参考文献〕

伊藤守編著『よくわかるメディア・スタディーズ』ミネルヴァ書房、二〇〇九年。

呉連鎬著、大畑龍次／大畑正姫訳『オーマイニュースの挑戦――韓国「インターネット新聞」事始め』太田出版、二〇〇五年。

川瀬俊治／文京洙編『ろうそくデモを越えて――韓国社会はどこに行くのか』東方出版、二〇〇九年。

花田達朗『公共圏という名の社会空間――公共圏、メディア、市民社会』木鐸社、一九九六年。

花田達朗『メディアと公共圏のポリティクス』東京大学出版会、一九九九年。

ナンシー・フレイザー「公共圏の再既存の民主主義の批判のために」クレイグ・キャルホーン編、山本啓／新田滋訳『ハーバマスと公共圏』未來社、一九九九年。

舩橋晴俊／壽福眞美編著『現代社会研究叢書九　公共圏と熟議民主主義――現代社会の問題解決』法政大学出版局、二〇一三年。

ビル・コヴァッチ／トム・ローゼンスティール著、加藤岳文／斎藤邦泰翻訳『ジャーナリズムの原則』日本経済評論社、二〇一一年。

ホーエンダール／ペーター・U著、山本啓／新田滋訳「公共圏――モデルと境界」『ハーバマスと公共圏』未來社、一九九九年。

森類臣「[研究ノート] 韓国の「代案言論メディア」に関する理解――『ナコムス』『国民TV』『ニュース打破』の事例から」『立命館産業社会論集』第五一巻第二号、二〇一五年。

森類臣著、「韓国における代案言論メディア創出のダイナミズム――言論民主化運動の系譜から」奥野昌宏／中江桂子編『メディアと文化の日韓関係――相互理解の深化のために』新曜社、二〇一六年。

ユルゲン・ハーバーマス著、細谷貞雄／山田正行訳『公共性の構造転換――市民社会の一カテゴリーについての探究（第二版）』未來社、一九九四年。

아고라 폐인들 편『대한민국 상식사전 아고라』여우와두루미、二〇〇八（アゴラの廃人たち編『大韓民国常識辞典アゴラ』キツネとタンチョウ社、二〇〇八年）。

이정환 김유리 정철운 외『저널리즘의 미래――자기복제와 포털 중독 언론에 미래는 있는가』인물과 사상사、二〇一五（イ・ジョンファン／キム・ユリほか『ジャーナリズムの未来――自己複製とポータル 中毒言論に未来はあるのか』人物と思想社、二〇一五年。

5
清潭洞
チョンダムドン

消費文化の最先端を歩く
韓流観光地としての「江南」、清潭洞とその周辺

平田 由紀江

はじめに(1)

数年前に世界的なヒットを記録した「江南《カンナム》スタイル」(二〇一二)という曲がある。全英シングルチャートをはじめとする世界中の公式チャートで一位を獲得したことや、曲の発売とともにユーチューブ(YouTube)にアップロードされたミュージック・ビデオの再生回数の多さで話題をさらったこともあり、印象的な動画とともに記憶している人も多いだろう。

本章では、「おしゃれな街の代名詞」とも言われる「江南」の清潭洞《チョンダムドン》(2)とその周辺を中心に歩いてみよう。高級百貨店や小さなブティック、カフェなどが散在するこの地域は、一九九〇年代から、韓国経済のグローバル化を象徴する

場所として、また、最先端の消費文化の象徴として注目を集め、近年では、韓国内外の観光客、とりわけ韓流ファンのうちでもK-POPファン[3]が訪れる場所の一つとなっている。

いったい何がファンたちを惹きつけるのだろうか。実際に清潭洞とその周辺地域を散策しながら、イメージと現実が交錯する「観光地」を読み解いていく。

ここで学ぶキーワードは「演出された真正性」「観光のまなざし」である。

観光を考える

観光がどのように構成されているのかについては、これまでにさまざまな議論がなされてきた。ブーアスティンは、著書『幻影の時代——マスコミが製造する事実』の中で、旅行の変容について論じている。それによると、かつて「能動的だった旅行者」は、現代においては「受身の観光客」となり、旅行は「自分の体を動かすスポーツ」から「見るスポーツへ」と変化した（ブーアスティン 一九六四：九六）。そして過去には膨大な手間と危険をともなった旅行が現代においては「商品化」され、そして、旅行することが「擬似イベントとなってしまった」（ブーアスティン 一九六四：一二八）という。つまり、現代の観光客は苦労することなく、あらかじめ用意された「作りもの」を求め、それを見て満足するというわけである。

これに対し、マキァーネルは、「『擬似』はまた、観光の状況設定のどこかに、知的エリートが訪れる本物の出来事が〈ある〉、いやおそらくあるだろう、と暗示している」（マキァーネル 二〇一二：一二七）とし、ブーアスティンのエリート主義を批判している。

マキァーネルは、アーヴィング・ゴフマンの「表舞台—舞台裏」の概念を援用しつつ、観光の状況設定を「表舞台から始まり舞台裏に終わる連続体」（二〇一二：一二二）とし、「観光の状況設定における〈観光的行為〉は、舞台裏にみえるように飾り立てられた区域から、観光客が中をちらっとみてもよい舞台裏までの間におおよそ限定される」（二〇一二：一二三）と論じた。

このような観光の状況設定において真正性すなわち本物かどうかは固定的なものではない。舞台裏は観光客が見るために用意されることによって「演出された舞台裏」となる。そこで観光客が目にするのは「演出された真正性」（二〇一二：一一八）だ。

ただ、たびたび指摘されているように、マキァーネルの議論は、「観光的意識は、真正な経験を求める願望によって喚起され」（マキァーネル 二〇一二：一二一）ることが前提となっている。つまり、観光客は真正な〈本物の〉経験を求める、ということが前提となっている。

こうした、観光客が求めるのは「ほんもの」か「つくりもの」かという議論よりも、観光客がその観光地やその景観に投げかける「まなざし」のありかたこそが観光という舞台において重要な点だと指摘したのは、社会学者のジョン・アーリである。ジョン・アーリとヨーナス・ラースンは「観光のまなざし」について、「これこそが観光のまなざしだというものがあるわけではな」く、「個々の観光のまなざしを作り出すものは、それが対比している社会の側に依存する。つまり、非・観光的な社会がそのときどういう形をしているかということに依存するのだ」（アーリ&ラースン 二〇一四：四—五）と述べている。そして、観光のまなざしがある場所に向けられる際の「強烈な愉楽への期待」は「映画、テレビ、小説、雑誌、CD、DVD、ビデオなどのさまざまな非・観光的な技術でたえず作り上げられている」（アーリ&ラースン 二〇一四：七）とし、観光におけるメディアの役割を指摘する。メディアによって日常と非日常は重なり合う。しかしながらアーリとラースンはまた、メディアによって作り出されたイメージは決して一方通行的ではなく、観光客がデジタル写真などをインターネット上に載せることでメディアから「イメージとして受け取った画像を再・生産《リプロデュース》する」ことを強調し、「〈Web2.0〉になって、観光者は「公開された展示場《ディスプレー》」に置かれた日常的な写真をますます生産・消費するようになってきている」（アーリ&ラースン　二〇一四：二九〇）と指摘した。[4]

　また、アーリは、モビリティ（移動性）概念を用いて、グローバルな移動システムとしての現代社会の分析を試みている。その中でアーリは「人が動く場所は、組織化された観光客やインフォーマルな観光客の演示の諸システム、とりわけ写真撮影と記憶効果を通して生まれ」るとし（アーリ　二〇一五：三九五）、場所が固定的なものではなく、動態的なものであると述べる。つまり、場所はそこを構成するさまざまな要素、すなわち「人だけでなく、資本、物、記号、情報のいくつもの移動を通して経済的、政治的、文化的に生み出され」（アーリ　二〇一五：三九五）る。そして場所の諸関係は「情動を持って演示」（アーリ　二〇一五：三七三）されるものであり、もしもその演示がなければ（あるいは変化すれば）その場所、わかりやすくいえば、その場所の意味は変容していく。グローバルに移動し続けるさまざまな要素が場所を構成しており、それは常に一定のところにとどまっていないというアーリの議論はまた、そこをまなざす人々の「まなざし」が場所を構成するものの一部であるということを確認するものでもある。

　以上の議論を踏まえて、韓流観光地としての「江南」を清潭洞とその周辺を中心に歩いてみよう。ここで観光客として想定されるのは、韓国ポピュラー文化すなわち韓国発のドラマやＫ-ＰＯＰと呼ばれる韓国ポピュラー音楽を積極的に消費する、いわゆる韓流ファンである。本章ではそのうち、観光するＫ-ＰＯＰファンの場所に焦点を当てていく。

消費文化の中心地「江南」と清潭洞周辺

「江南《カンナム》」とは、現在のソウル市のうち、漢江《ハンガン》の南側の地域を指す名称である。漢陽《ハニャン》と呼ばれた朝鮮王朝時代、京城と呼ばれた日本の植民地時代から独立後にかけても、「ソウル」とは永登浦を除き、漢江の北側、すなわち「江北《カンブク》」にあった。ソウル市が漢江の南、すなわち「江南」に拡大したのは、一九六三年のことである。それまで農村だった「江南」では区画整理がなされた。主に政府主導の開発が行われ、一九七〇年代、一九八〇年代にはマンション群やオフィス群が立ち並んだ。そして、名門校の江南移転もあり、富裕層が流入していった。「江南」はまた、行政区としての江南区を中心に、その周辺の瑞草《ソチョ》区、松坡《ソンパ》区などを指すことも多い。とりわけ江南区は、現在でも富裕層が暮らす高級住宅地として有名であり、韓国で最も私教育費が高い地域として知られている。韓国の教育熱について語られる際には必ずといっていいほど登場する区でもある。現在の江南区は、テヘラン路という、IT企業をはじめとする有名なグローバル企業が立ち並ぶ地域も抱えている。

「江南」はまた、一九九〇年代に、有名ブランド店などが立ち並ぶ消費文化の中心地として注目を浴びた。オレンジ族など、消費文化に浸る江南地域の富裕層の子女を指す言葉も流行した(5)。先にふれた、二〇一二年に世界的に流行したPSYの「カンナム（江南）・スタイル」の歌詞は、この地域の富裕層の生活スタイルをテーマとした曲である。金成玟（二〇一八）は、「江南」について、「高度経済成長による好景気に、ソウルオリンピック前後の民主化・開放化・国際化による新たな社会的雰囲気が重なり、江南は、一九九〇年代以降の韓国社会のさまざまな欲望が集約される空間となっていった。「江南スタイル」のあの「江南」が誕生したのだ」と指摘している。

その中でも、有名ブランド店や高級レストランなどが点在し、消費文化の代名詞にもなっている江南区清潭洞には、

ＳＭエンターテインメント（二〇一二年に同じ江南区狎鴎亭洞から清潭洞に移転）(6)、ＦＮＣエンターテインメントなどいわゆるＫ-ＰＯＰアイドルグループを多く輩出している芸能事務所や、ＴｒｅｅＪエンターテインメント(7)など有名俳優が所属している事務所などがあり、また、最近までＣＵＢＥエンターテインメント(8)、ＪＹＰエンターテインメント(9)なども徒歩圏にあった。周辺の鶴洞《ハクトン》には、ＢＴＳ（防弾少年団）が所属するビックヒットエンターテインメントもある。

韓国のポピュラー文化の人気を指す「韓流」という言葉にちなんで、韓流に関連する地域への観光を「韓流観光」と呼ぶが、韓国観光公社による『韓流観光市場調査研究』（二〇一四）の「海外潜在市場オンライン調査」(10)によると、韓流ファンの五二・五パーセントが韓国訪問経験があり、また、九二・九パーセントが今後韓国を訪問する意向があると答えている。また、「体験したい韓国大衆文化活動」で最も多かったのは、「スター芸能人が推薦した食堂、旅行地の訪問（七五・八パーセント）」であり、そのあとに「韓国ドラマ、映画の実際の撮影地訪問（七五・六パーセント）」「Ｋ-ＰＯＰ歌手のコンサート、放送歌謡プログラム、韓流イベントの参観（七四・四パーセント）」「芸能事務所への訪問、オーディション参加（七一・五パーセント）」と続いている。そして「訪問したい観光地」としては、ショッピングのメッカである「明洞、東大門、南大門（九二・五パーセント）」の次に、いずれも江南区の「清潭洞、狎鴎亭、新沙洞（八五・四パーセント）」が続いた。

切り貼りされる空間と、観光のまなざしの再生産

書店の「旅行」コーナーには、さまざまな種類のガイドブックが売られている。近年では持ち運びに便利なハンディ

タイプのものや、ネット対応のものなどさまざまである。そして、「ソウル」と銘打たれた比較的若い世代向けのガイドブックには、必ずと言っていいほど「K-POP」関連の場所についての言及がある。

たとえば、『まっぷる ソウル mini '19』(昭文社、二〇一八)には、七ページにわたる「K-POPファン必見SPECIALガイド」が掲載されている。「大好きなアイドルたちが住んでいる韓国を訪れたなら、彼らのゆかりのスポットをめぐったり、番組観覧をしてもっと接近してみたい♡」とあり、人気アイドルの所属芸能事務所の場所や、事務所が経営する店、アイドルの家族や本人がオーナーである店、音楽番組のスタジオ観覧についてなどが紹介されている。

「韓流観光」としては、日本では二〇〇四年頃に流行したドラマ『冬のソナタ』の舞台となった韓国の地方都市である春川《チュンチョン》が脚光を浴びた。その際には主に比較的近距離にある日本や台湾から観光客が訪れた。

ソウル市が発行している『Seoul ―― 韓流観光ガイドブック』(ソウル特別市観光事業課 二〇一七年版)には、冒頭に「韓国・海外の観光客一万三千人が選んだソウル韓流スポット一〇選」が紹介されている。もともと観光地である場所は、韓国ドラマやバラエティ番組の「ロケ地」として紹介される。たとえば、「Nソウルタワー」は、ドラマ『星から来たあなた』のロケ地として、「南山コル韓屋村」は人気バラエティ番組『無限挑戦』のロケ地として、番組とそれぞれの観光地がどのようなかかわりがあるのかについての説明とともに紹介されている。K-POP関連としては、「COEX & SMTOWN@coexartium」が〈SMエンターテインメントのアーティストに出会うスポット〉として、「K Star Road」が〈韓流スターを「アートトイ」で出会うスポット〉として掲載されている。そのアイドルシステムやアイドルのあり方をめぐってはさまざまな論争もあるが、いまやK-POPの人気はグローバルに確立されたと言っていいだろう。

K-POPはその海外展開戦略としてYouTubeやFacebookなどのソーシャルメディアを活用し、ダンス音楽やビジュアルのインパクトなどでその魅力をアピールしてきた。グループのメンバーには、韓国語以外の言葉を話せる者や、韓国以外が出身という者も多い。ファンもグローバルに活動しており、その主なツールもやはり、インターネットである。加えて、韓国政府はこれまで文化産業の振興、そして韓流文化コンテンツのグローバル化に力を入れてきた。観光分野においても、韓流にちなんだ観光マーケティングを展開してきた。

参考までに、日本では、二〇〇五年に日本デビューした東方神起（韓国デビューは二〇〇四年）以降、いわゆるK-POPアイドルグループの日本内外での活動が注目され、ファン層を増やしていった。その後二〇一〇年から二〇一二年頃にかけての本格的なK-POPブームの中心となったのはKARAや少女時代であり、二〇一七年に日本デビューした多国籍アイドルグループであるTWICE（韓国デビューは二〇一五年）などの人気が、第三次K-POPブームと言われている。

日本も含む海外ファンのグローバルな行動は、もちろん観光だけではなくオーディション参加や語学留学など能動的かつ多様であり、「ファン」としてのあり方も人それぞれだが、ファンが訪れる場所は「韓流観光地」として徐々に整えられたり、ガイドブックなどで紹介されていった。

江南区では二〇一五年三月に狎鴎亭ロデオ駅（所在は清潭洞）近くに、K Star Roadを造り、『K Star Road-Gangnam Travel Guide』（江南区 二〇一五年版、二〇一七年版）を発行した。このガイドブックには、アイドルスターが訪れるレストランやカフェが、アイドルの顔写真つきで紹介されている。スターのプライベート（らしきもの）が紹介され、観光化されているのである。

また、二〇一五年一〇月、ソウル市はSMエンターテインメントと「ソウル市韓流観光活性化のための相互協力良解覚書」を締結した。前出のSMTOWN@coexatiumでは二〇一五年八月から二〇一六年二月のあいだの週二回、「ソウル市とともにするK-POP体験プログラム」の一環として「K-POPダンス体験プログラム」が試験的に実施された。ダンス講習のプログラムは、その後も定期的に開催された。

二〇一九年五月現在、ソウル市が運営するVisit Seoulというサイトを開くと、「K-POP & K-dramaツアー」のページには、「韓流体験プログラム」のコーナーがあり、そこでは、「韓流ドラマの中のK-ｆｏｏｄクッキングクラス」「韓流スターメイクアップクラス」などが紹介されている。(11)

注目すべきは、行政と芸能事務所によるこれらの動きが、「ファン／観光客目線」をふんだんに取り入れているということだ。各種教室についてはK-ＰＯＰダンスブームや「韓流コスメ」と呼ばれる、韓国の化粧品を使ってK-ＰＯＰアイドルの化粧をまねるファンの行動を反映したものだし、江南区の『K Star Road-Gangnam Travel Guide』の事例では、K Star Roadストーリー店を選定する際に、江南区内の芸能事務所所属芸能人からの推薦、「韓流文化に目の肥えたトレンドセッター」のおすすめのほかに、ＫＳＴＡＲファンカフェを通したおすすめも選定基準となっており、ファン側からの情報を取り入れている。受け手であるファンたちのまなざしによって作られた観光の風景は、再び送り手へと回収され、受け手へと送られているといえる。

もちろんこれらの観光地を訪れるのは、日本人観光客だけではない。ガイドブックは韓国語版、英語版、中国語版、日本語版があり、ソウル市のＷｅｂサイト Visit Seoulは、韓国語、英語、日本語などの七言語で閲覧が可能である。二〇一六年二月に著者がある韓流体験プログラムに参加した際にも、韓国をはじめ、タイ、日本などさまざまな国からの参加者がみられた。

ファン／観（光）客の場所

それでは実際に、清潭洞周辺を歩いてみよう。地下鉄三号線の狎鴎亭駅を降りると、「現代百貨店」のとなりに「江南観光情報センター」がある。一階は総合観光案内センターで、「江南」を中心に各国語で書かれたパンフレットや冊子がずらりと並ぶ。江南ドルのコーナーや、アイドル写真の展示があり、そのアイドルへの観光客らのメッセージが書かれたポストイットが貼られている。観光案内所兼観光スポットとなっている場所だ。さらに、狎鴎亭路を盆唐線の狎鴎亭ロデオ駅まで歩くと、いくつもの高級ブランド店が入っているギャラリア百貨店がある。[12] その百貨店の前の狎鴎亭路の歩道に、観光客が散見される。K Star Roadと呼ばれ、清潭交差点まで続くこの歩道には、東方神起、少女時代、ＢＴＳ（防弾少年団）など、Ｋ-ＰＯＰアイドルと呼ばれる人気グループのメンバーのイメージがデザインされた「江南ドル」と呼ばれるオブジェが数メートル置きに並んでおり、ギャラリア百貨店前の交差点にはこのキャラクターにちなんだグッズショップもオープンしている（図１、図２）。

以前から狎鴎亭洞や清潭洞は、消費文化の中心地として、さまざまなドラマなどのロケ地として使用されたり、スターが訪れると言われる飲食店などが点在する場所として知られていたが、近年では、周辺に大手の芸能事務所が集まっていることから、出待ちするファンなどの姿がみられるようになった。この一帯は、芸能事務所ばかりでなく、スターが食事するレストラン、洋服を買うお店、ロケ地などが集まっており、スター遭遇率も必然的に高くなるということだろう。

「○○というグループの△△が来店したカフェ」というように、Ｋ-ＰＯＰファンである観光客がこの地域を訪れる動機は、従来の観光のような、「美味しい食事」や「素晴らしい景色」が第一目的というよりは、自分が好きな「ス

図1 K Star Road（著者撮影）

図2 江南観光センター（著者撮影）

ター（またはドラマなどのメディア・コンテンツ）の痕跡」を感じることにある。ドラマなどのものがたり性のある場所でそのものがたりの世界に浸ったり、登場人物がしたように振る舞ったりするのがドラマファンの観光だとすると、K-POPファンたちは、スター自身が発信するインスタグラムや、ファン同士の情報交換などで来店情報を得て、その場所を訪問することが多い。ときにそうした「観光客」は、その店で、スターと同じものを注文したり、同じ場所に座ったりもする。好きなスターが行ったであろうことを追体験するのである。「アイドルが練習生時代によく行ったというレストラン」や、「アイドルの親族が経営しているカフェ」なども人気の場所の一つだ。ファンたちはそこで撮った写真を、自身のインスタグラムなどに投稿し、ファン自身が観光のまなざしを再構成していくことに加わっているという側面もある。

K Star Roadが途切れてなお狎鴎亭路を進み、トサン大路に出る少し手前を左折し狭い路地を直進すると、大手芸能事務所の集まるエリアとなる。二〇一八年までは、JYPエンターテインメントがあり、斜め向かいにはCube Studioと、Cube Studioが運営するカフェがあった。そのコンセプトは、「アーティストとファンがともに過ごすことのできる空間」で、飲み物やグッズを購入したり、所属するアイドルグループ関連の展示物を見たりすることができた。「江南」地域を中心に、芸能事務所が運営するカフェやショップはソウルに点在する。

現在では、少し奥の住宅街に進むとFNCエンターテインメント、SMエンターテインメントが点在している。このエリアは、スターを「感じる」ことのできるエリアであると同時に、スターに「会えるかもしれない」場所でもあるのだ。

清潭交差点からさらに三成路を進み、七号線清潭駅まで歩くと、SMエンターテインメントが運営するカフェ（SUM CAFE）とショップ（SUM MARKET）がある。ショップには、お菓子、ドリンク、インテリア雑貨や、所属アイドルの公式グッズが並ぶ。

さらに、少し離れた場所になるが、江南区内の三成洞には、「SMTOWN@coexartium」がある。先述の韓流ガイドブックで紹介されていた場所である。大手芸能事務所であるSMエンターテインメントが運営する六階建てのビルだ。二〇一五年一月のオープン当初は、一階はWelcome Zone、二階はグッズ売り場、三階にスタジオ、四階はカフェ、五階と六階はシアターとなっていた。二〇一八年には三階、四階に「SMTOWN MUSEUM」が新たにオープンした。

このような体験空間はまた、写真撮影の場所となり、そうした写真や体験談が個人のブログやSNSを通じて拡散することによって、韓流ファンなどにとって、一度は訪れてみたい「場所」「観光地」としての意味合いをもつようになる。

おわりに

以上、観光の場としての江南区の清潭洞とその周辺地域を、「演出された真正性」「観光のまなざし」をキーワードとしてみてきた。韓流ファンのまなざしが観光と結びつくことにより、この地域は韓流観光客にとって魅力的な場となったわけである。言い換えると、観光客となったファンの行動自体が、観光地を持続させる原動力のひとつとなっているともいえる。

観光と同様、ファンダムもまた消費文化と密接に結びついたポストモダン的特徴をもつ。ファン行動は、スターとのあいだで親密性の擬似体験をしばしばともなう。「ファンダムの影響を受けていない領域を見つけることが難しくなっている」（Sandvoss 2005:3）という言葉のとおり、観光の領域でもそのまなざしは場所の意味を変えるのに大きな影響をもつ。また、観光客／ファン自身に少なくない影響を与える場合もある。

しかしながら、アーリが指摘するように、場所は固定的ではないし、「観光のまなざし」もまた、永遠に同一のものではない。とりわけ、韓流観光のような一種のコンテンツ・ツーリズムにおいては、場所それ自体というよりは、その場所がもつ記号やイメージが大きな意味をもつゆえに、常に固定的なものではなく流動的なものとみなされる。韓流の受容者であるファンなどのコンテンツへの興味が変化し、「観光のまなざし」が変容したとき、その場所にはまた別の何かが立ち現れるだろう。その変化は、観光以外の別のところからやってくるかもしれない。そうした意味で、そこにありながら観光のまなざしが向けられない部分では何が起こっているのか、また、観光のまなざしが向けられる前と後ではその場所がどのように変化したのかなどを考えることも重要である。場所は、そこを取り巻く諸条件や、まなざし、欲望をはじめとする実にさまざまな要素によって上書きされていくのだ。

注

(1) 本章は、主に二〇一五年から二〇一八年までのフィールド調査に基づいたものである。

(2) 二〇一四年一月一日より、住所表記の際には新住所制度が導入され、「道路名住所」が使用されている。洞名や地番は「道路名住所」には使用されないが、不動産管理の用途には使用される。

(3) 現在「韓流」という言葉は韓国の伝統文化をはじめとする韓国文化全般の人気を指す言葉として使用される傾向にあるが、ここでは「韓流ファン」とは、主にＫ-ＰＯＰ、ドラマなどのポピュラー文化のコンテンツのファンのことを指すものとする。

(4) 参考までに、ジョン・アーリの著書『観光のまなざし』は一九九〇年に初版が発行され（邦訳は一九九五年）、観光研究の古典的テキストとなっており、二〇一一年に大幅に改訂された第三版がヨーナス・ラースンとの共著として出版された（邦訳は二〇一四年であり、この章では二〇一四年邦訳版に基づいてアーリ&ラースンの議論を紹介している）。

(5) オレンジ族とは親の財力を背景に高級車に乗るなどの消費文化を自由に楽しむ若者を指す言葉で、一九九〇年代に流行した言葉である。

(6) イ・スマンにより一九九五年に設立（前身のＳＭ企画は一九八九年設立）。東方神起、SUPER JUNIORなどが所属。http://www.smtown.com/（最終アクセス日：二〇一八年一〇月六日）。

(7) 人気俳優チャン・グンソクの個人事務所（二〇〇九年設立）。http://treej-company.com/（最終アクセス日：二〇一八年一〇月六日）。

(8) 二〇〇八年設立。BEAST、4MINUTEなどが所属。http://www.cubeent.co.kr/（最終アクセス日：二〇一八年一〇月六日）。

(9) パク・チニョンにより一九九七年設立。ワンダーガールズ、２ＰＭなどが所属している。二〇〇二年から二〇一八年六月に移転するまで清潭洞に本社を置いていた。http://japanese.jype.com/#/Main.aspx（最終アクセス日：二〇一八年一〇月六日）。

(10) この調査は、二〇一三年一二月二〇日から二〇一四年一月二八日まで、中華圏、東南アジア、欧米圏の外国人のうち、自国内でインターネットを通じて韓流コンテンツをよく利用している外国人一二一五名を対象として行われたオンライン調査である。

(11) ソウル市観光公式サイトVISITSEOUL http://japanese.visitseoul.net/index（最終アクセス日：二〇一九年五月二五日）。

(12) ちなみに、狎鴎亭駅を反対側に進むと、カロスキル方面となり、スターゆかりのショップやカフェが点在しているエリアがある。

［参考文献］

ジョン・アーリ／ヨーナス・ラースン著、加太宏邦訳『観光のまなざし［増補改訂版］』法政大学出版局、二〇一四年。

ジョン・アーリ著、吉原直樹ほか訳『モビリティーズ――移動の社会学』作品社、二〇一五年。

金成玟『K-POP：新感覚のメディア』岩波書店、二〇一八年。

ダニエル・ブーアスティン著、星野郁美ほか訳『幻影の時代―マスコミが製造する事実』東京創元社、一九六四年。

ディーン・マキャーネル著、安村克己ほか訳『ザ・ツーリスト――高度近代社会の構造分析』学文社、二〇一二年。

Sandvoss, Cornel *Fans: The Mirror of Consumption*, Polity, 2005.

COLUMN

大型書店へ行ってみよう――児童書コーナーのマンガ

山中 千恵

ソウルへ観光旅行や語学留学に出かけ、市内の大型書店をのぞいてみたことはあるだろうか。韓国語が得意でなくても、雑貨やＤＶＤ、写真集や絵本など、見ているだけでも楽しいモノがあふれている。さらに、教保文庫や永豊文庫などの大型書店チェーンには、フードコートやカフェを併設する店舗もある。立ち読みならぬ「座り読み」を推奨するソファが至るところに配置された店内は、さながら都会の森、人々の休息スポットとなっている。

そんな書店内を回遊し、絵本や知育玩具をならべた児童書コーナーへと足を運んでみよう。そこには、子ども向けの書籍や図鑑、絵本とならんで、すくなくない種類の「マンガ」が置いてある。もちろんここにある「マンガ」は、書店内のほかの場所に設置されたマンガコーナーの本とは異なり、「児童書」というカテゴリーで流通する書籍である。そう、日本でいうところの「学習マンガ」なのだ。

しかし、日本の書店で児童書コーナーにならぶ「学習マンガ」に比べると、それらのマンガは、ゲームやアニメのキャラクターが冒険する低学年向け少年マンガや少女マンガに近いものが少なくない。

韓国の研究によると、韓国学習マンガのヒット作は「知識・教養マンガ」『Why?』シリーズタイプと、「学習中心ストーリーマンガ」『サバイバル』シリーズタイプに分けることができるという(강현주・정현선 二〇〇九)。『Why?』シリーズとは、一九八九年から一九九八年にかけてイェリムダンから出版、販売された『なぜ?』シリーズを前身とする学習マンガだ。二〇〇一年に発刊開始後、科学、人文社会、歴史、人物、人文古典などの多岐にわたるテーマで作品が編まれ、なんと二八〇巻が発行されている。ホームショッピングを通じたセット販売で売り上げを伸ばした。一方『サバイバル』シリーズは、旧大韓教科書である出版社、ミレエヌの一部門アイセウムが発行するシリーズで、二〇〇一年に発刊開始、五九巻が刊行されている(いずれも二〇一八年四月現在)。『サバイバル』シリーズは、日本でも、朝日新聞出版から翻訳出版され、「学習マンガ」界に大きなインパクトを与えた。

というのも、「『Why?』シリーズは冒険ストーリーを標榜してはいても具体的な人物や出来事に起因する葛藤は登場しない」ため、ストーリーに「因果関係が弱」く、知識伝授に焦点を合わせたオムニバス形式とされるのに対し、『サバイバル』シリーズは、冒険のストーリーを主軸として科学知識を提供する、課題解決型の「クエストストーリーテリング」の活用が特徴とされるからだ(강현주・정현선 二〇〇九)。つまり、『Why?』シリーズが、日本の多くの人々がイメージする「学習マンガ」に近いものだとしたら、『サバイバル』シリーズはむしろ、ストーリーマンガ、つまり娯楽として普段楽しんでいる「マンガ」に近い方法で描かれているのである。

『サバイバル』シリーズの主人公が、自然災害、ロボット、放射能、寄生虫などさまざまな世界から「生き残る」ために知恵を駆使する「ＲＰＧ」型のストーリーは、子どもたちに熱狂的に受け入れられた。もちろん出版社は、学習マンガを買い与える保護者の視線を忘れはしない。子どもにとって「面白いマンガ」と、保護者に受け入れられる「マンガ性」の見極めを通して、大ヒットシリーズを育ててきた。

そもそも韓国のマンガ文化は、長いあいだ、幼稚な文化、低質な文化とのそしりを受け、出版市場を十分に拡大できないまま、ウエブ時代を迎えた。巨大な紙媒体の出版市場で存在感を誇る日本のマンガ文化とは大きく異なる。子どもへの悪影響が指摘され、さまざまな表現規制がなされる中、作家たちは表現の場を模索してきたのである。

児童書籍コーナーに置かれた、日本よりも広い範囲の作品が並ぶ「学習マンガ」コーナーは、否定され、規制されてきた韓国のマンガ文化が、教養と娯楽を結びつけることでみつけた、あらたな地平を示しているといえるだろう。

韓国社会において教養と娯楽はどのように結びついているのか。それは日本とどのように異なり、また似ているのか。韓国の学習マンガを手に取り、近くのソファに体をうずめ、しばし旅の疲れを癒しながら、そんな韓国の子ども文化の諸相をさぐってみるのも悪くはない。

강현주・정현선「학습만화 초등과학 학습만화 ＷＨＹ 시리즈 와 살아남기 시리즈 의 스토리텔링 방식과 독자인식 에 관한 연구」독서연구 제二一호、一六三―二〇〇、二〇〇九（カン・ヒョンジュ／チョン・ヒョンソン「学習マンガ初等科学 学習マンガＷＨＹシリーズとサバイバルシリーズのストーリーテリング方式と読者認識に関する研究」読書研究二一号、一六三―二〇〇、二〇〇九年）。

IV

「他者」を考える

6

梨泰院《イテウォン》

「グローバル・シティ」ソウルと多文化主義

金《キム》 志允《ジユン》
［平田 由紀江 訳］

はじめに

韓国は、日本同様、人種的単一性が非常に高い国家のうちの一つだ。二〇一一年七月二二日、北欧のノルウェーで数十名をテロ攻撃により殺害した極右主義者であるアンネシュ・ベーリング・ブレイビクは、自国の多文化主義とムスリムの移民者たちに対する反感を表現し、「民族主義と反移民主義を追求している」日本と韓国をモデルとしなければならないと言及した。(1)

さまざまな人種や民族で構成されたほかの国家に比べ、日本と韓国は外国人の比率が低く、移民を簡単に受け入れない文化的単一性が強いとみることもできるだろう。

一般的に、一つの国家に滞留する外国人の比率が全人口の一〇パーセントを超える場合、その国家は通常、多文化国家あるいは移民国家に分類される。こうした基準に照らしたとき、韓国に居住する外国人は二〇一五年基準で約一五七万余名で、これは全人口の三・一パーセントを占めているに過ぎない。さらに、短期就業者（三五パーセント）と在外コリアン（一五パーセント）など短期居住者の比率が高く、結婚移民者（九・六パーセント）と永住権者（六・四パーセント）など長期間居住する外国人の比率は一六パーセントに過ぎない。

韓国は依然として外国人の比率が低く移住民に対する受容度は高くないが、二〇〇〇年代以降、過去一五年間に外国人比率が急速に増加することで、政治・経済・社会・文化的変化が起こっている。こうした変化については肯定的な見方と否定的な見方が混在しているが、世論と現実の政策はこうした変化を議論し、西欧で登場した多文化主義という概念を積極的に活用している。よって本章では、韓国社会において、多文化主義を取り巻く議論がどのように展開されているのかを論じるとともに、ソウル中心部に位置する梨泰院《イテウォン》という地域の歴史性と空間性を分析する。多文化主義の議論が本格的にはじまるずっと前から外国人のための空間として認識されてきた梨泰院の変化から、韓国の多文化主義がどのように社会的マイノリティとしての外国人に対する認識を変化させたのかについて知ることができるだろう。

多文化主義についての一般的な議論

多文化主義とは、多様な人種や民族間の差を認め、これを尊重しなければならないという社会の理念体系およびこれを実現しようとする政府の政策と実践を意味する。理念体系としての多文化主義は大きく二つの政治哲学的路線によってその現象についての分析と問題の解決策が異なるが、その二つの理念体系とは、自由主義と共同体主義である(Kymlicka 2005)。

社会よりも個人の自律性を重要視する自由主義(リベラリズム)では、個人の自律性が侵害されるとその個人が属する共同体や社会が維持できなくなると考える。また、自由主義においては、階級間の葛藤が社会問題の根本原因であり所得の再分配(redistribution)を通じてこうした葛藤を解決できるとする。少数人種や民族に対する差別もまた、再分配を通じてまずは経済的困難を解決すれば自然に解決できるとされる。たとえば、米国における有色人種のうち、黒人を取り巻く人種的葛藤について、自由主義者たちは資源の再分配を通じて貧富の格差を減らせば人種的葛藤も自然と解決されると考える。

一方、共同体主義者は、個人とは社会の中での役割と関係によって規定される存在であるため、個人と共同体的生き方のあいだのバランスを重視する。よって社会において、差異が差別の対象とされることに対しては、互いの文化的多様性を認める承認の政治(the politics of recognition)を通じて多文化主義が実践されうるとする(Talyor 1992)。たとえば、性差による差別を解消するには、社会的弱者としての女性の女性性に対する肯定的な認識への努力が重要だとするのが共同体主義の考え方だ。

しかし、多文化主義についての数年にわたる議論において、経済的な不平等を解消するための再分配と差異に対する承認の二つのうちどちらがより重要なのか、どのような問題がより優先的に解決されるべきかという議論は、次第に消耗的だと考えられるようになった。むしろ二つの問題は互いにマイノリティへの差別を強化しているため、二つの問題に対する認識と解決案は同時かつ複合的に行われなければならないというのが最近の多文化主義学者らの主張だ(Fraser and Honneth 2003)。

もう一つ考慮すべきことは、多文化主義が、哲学的パラダイムというよりも今日の現実社会における多様性と差異をめぐる葛藤と差別という不正義（injustice）について、はたして正義とは何かという大衆的な認識が反映された社会的パラダイムであるという点だ。すなわち、それぞれ異なる政治的、経済的、社会的な文脈をもつ現実社会において優先的に考慮されなければならないことと、それに対する解決策としてより適切なのは何かについての大衆的な合意として多文化主義を認識することが重要だという点だ。この場合、先述のように自由主義と共同体主義において主張される再分配と承認の問題も、その社会の文脈を考慮して優先順位が決められうるということだ。たとえば、韓国における、白人に対するたいへん友好的な見方とその他の「有色」人種に対する偏見は、学校で英語教師を採用する際にも、教師としての実力や資格より「白人」を優先的に採用するという人種差別的な慣行を生み出している。こうした問題については経済的な再分配よりも承認の政治を通じて肌の色による人種差別的雇用慣行を解消すべきだろう。

異邦人、他者そして空間

多文化主義についての議論は、誰がその社会のマジョリティでありマイノリティなのかについての認識と直結している。これはその社会の歴史的な文脈によるが、韓国のように人種的、民族的単一性が強い国家では少数者とはすなわち「外国人」だとたやすく連想できる。もちろん、ここでマイノリティというのは単に数的に少ないことだけを意味するのではない。富める者よりも貧しい者のほうが数的にはずっと多いが、力関係を考えたとき、貧しい者がマイノリティとなりうる。男性に対し女性もまた数的には似たようなものだろうが、位階的な権力構造から考えた場合、女性が社会的な弱者となりうる。ここでは多文化主義について、人種的または民族的な区分によるマイノリティのことを述べる。

哲学や社会学的議論におけるマイノリティについての議論は歴史が深い。ただ、こうした議論はマイノリティという言葉よりも、哲学的もしくは社会学的問いを投げかけるテーマである、「私」とほかの存在としての「彼（女）ら」のあいだの区別を生じさせる。「私とは誰なのか」あるいは「われわれ」とは誰なのかについての答えを得るための対象であり、私を映し出す「鏡」のような存在についての問いなのである。哲学者のエマニュエル・レヴィナスはこれを他者（Others）という概念で、社会学者のゲオルク・ジンメルは「異邦人（stranger）」と命名してきた。レヴィナスの存在論的な議論において他者はまるで神のような超越的存在として説明されている反面、ジンメルの異邦人は、もう少し現実的なレベルにおいて二〇世紀初頭のヨーロッパにおいて国民国家が形成されていた時期のユダヤ人を念頭に置いたものだ。

したがって、ここではレヴィナスの哲学的な議論ではなくジンメルの異邦人についての議論が私たちの隣にともに暮らす外国人マイノリティについての議論に、より合うように思われる。ジンメルの異邦人とは、多数が暮らしている「この都市」ではない外部のどこかから来た人で、多数を占めている人たちとは別の言語と文化を持ち、「今日来て明日去る」のではなく「今日来て明日もとどまる」人々だ。「移住の時代」と言われる二一世紀にも、私たちはよく外国人に、ここではないその人の「もともと」いた場所に「いつ」帰るのかと尋ねる。「私の」家、都市、あるいは国家に「少しのあいだ」とどまる、異邦人という客として認識される。「私の」空間は私に属しているものなので、これを「永遠に」差し出すことはできないからだ。

他者もしくは異邦人についての時空間的な場所取りが重要な理由は、時間と空間という私の有限な資源を他人である異邦人に差し出すことが、自身の生存とアイデンティティ形成にとって重要な要素となるためだ。これはすなわちジャック・デリダが言及した歓待（hospitatliy）の問題につながっている。この社会の多数である「私たち」とほかの言語と文化をもった見慣れない異邦人をどのように待遇すべきかという問題は、倫理的な問いであり現実的な問題でもある。万が一その異邦人を受け入れ、休む場所と食べ物を差し出す歓待をしなければ、その異邦人の生存が不可能だったとしたら？ そして自身の家と食べ物を与えたのに盗人になって自分のものを奪おうとしたら？ これは最近増加している難民をどう待遇するのかに悩むヨーロッパの国々に現実的な問題として立ち現れている。デリダはこのような問題について、自身のあらゆるものを差し出す「無条件的歓待」は現実的に不可能だという点を指摘した（デリダ 二〇〇四）。ただ、こうした無条件的歓待が「政治的・法的な条件」になるべきだと強調する。すなわち実際的な政策や法制化によって実現されることはないが、社会的な正義の尺度として要請されるということだ。

グローバル化が加速し資本金融と文化のトランスナショナルな流れが集中する大都市においては、多文化主義はさまざまなかたちで経験されている。とりわけバウマンの言葉のように、異邦人と空間を共有すること、望んでいなかったとしても異邦人とともに生きていかなければならないことは都市に住む人たちにとって避けることのできない「日常的な暮らしの条件（modus vivendi）」となった（Bauman 2010:86）。

こうした状況において、私たちと異なる他者あるいは異邦人とどのように時空間を共有し、生きていくのかということは、国家や政府の政策に反映されもするし、日常的な暮らしにおいて常に個人が考えていかなければならない問題としても登場する。

韓国の多文化主義と他者としての外国人

国家が単一の民族で構成されていると信じられてきた韓国社会では、外国人（foreigners）は代表的な他者（others）あるいは異邦人（strangers）として認識されてきた。しかし、一九九〇年代以降、外国人移住労働者、結婚移民者、多文化家族の子女、在外同胞、北朝鮮からの移住民などが増加し、韓国社会の人種的、文化的多様性に対する議論とともに多文化主義（multiculturalism）が主要な社会的イシューとして浮上した。

多人種で構成された社会的現実とそれにより発生する「問題」を解決するために、国家が多文化主義を政策的に主導してきたカナダやオーストラリアとは異なり、韓国ではNGOと市民社会が外国人労働者の権利を要求し、多文化主義という言葉が使用されはじめた。このとき多文化主義は、文化的差異の認め合いや承認という意味よりは、韓国の単一民族性がもつ暴力性への対抗概念として登場した（ユン 二〇〇八）。すなわち韓国社会では、他者として認識される移住民の多様性を認めるというよりも、単一民族に基盤を置いた国民主義が作り出す人種主義が、移住労働者、混血の人たち、結婚移住者の人権を侵害することへの抵抗のレベルで多文化主義のディスコースが積極的に市民社会に受容されたのである。

しかしこうした出発とは異なり、二〇〇〇年代に入ると、韓国政府は多文化主義を積極的に受容し移住民に対するさまざまな政策的支援を行う。これは二つの様相として現れるのだが、まず、民族主義（nationalism）と結合した多文化主義では、女性結婚移住者を対象に積極的な同化政策が繰り広げられた。たとえば、一九九〇年代から韓国政府は「農村の独身男性を結婚させること」を地方政府レベルで支援したり、二〇〇〇年代からは国際結婚を通じて構成された家族を「多文化家族」と定義し、彼らへの経済的支援と社会統合支援策を整えた。だが、ここでの多文化家族は配偶者のうち片方が必ず韓国人でなければならず、主に韓国男性と外国人女性のあいだの国際結婚家族をその対象とすることで、韓国人と婚姻関係のない移住労働者家庭や難民家庭、華僑の家庭などを排除している。

多文化家族への支援もまた外国人配偶者の言語と文化を最大限排除し、韓国語と韓国文化の修得を中心とする排他的な同化政策を採択している。また、女性結婚移住者の法的地位を、夫やその家族に従属的にならざるを得ないよう法制化しており個人の人権を制限している。

次に、グローバル化の議論と結びついた多文化主義は、国家や都市の文化的多様性と人種的ハイブリディティが、まるでグローバル都市や国家になるための条件であるかのように多様性を強調する。これは、リチャード・フロリダの「クリエイティブ・クラス」論の影響も大きいと思われる。都市の経済を活性化させることができる「クリエイティブ」な専門職従事者や芸術家は文化的、人種的多様性にオープンな都市環境を好むため、このようなクリエイティブ・クラスを呼び込むためには都市の多様性確保が重要だという主張だ。しかしこうした多様性についての肯定は、実際にグローバル都市において差別的な歓待の方式として現れることとなる。

移住者の受容を比較してみると、移住者の職業や階層による差別的待遇が行われているということである。グローバルな上層回路で移動する高所得専門職の人々には過度の「歓待」が、単純労働者には制限された「歓待」が行われている。具体的には、こうした歓待の差別的な現れ方として、移住者の職業や国籍によって細分化されたビザが発給されるが、これは滞留期間と滞留時に保障される権利などが差別的に保障されるのである。

グローバル都市であろうとするソウルでも、前述のように、他者としての外国人はグローバル化の流れにおいて上層と下層あるいはその間のさまざまな回路を通じて韓国人と共存している。

彼らの経済的、文化的差異は限りなく分類され、彼らを空間的に位置づけようとする多様な試みは、エスニック・コミュニティとしてマッピングされている。たとえば、フランス人が多く住む江南のソレマウル、日本人街と呼ばれる東部二村洞《トンブイチョンドン》、朝鮮族の多い大林洞《テリムドン》、朝鮮族と東南アジアからの労働者が多く住む安山《アンサン》の多文化街《タムンファコリ》などがある。ソレマウルと東部二村洞は地理的に漢江沿いのプチョンに位置し、また、カフェやレストランなど「文化的価値」のある場所として認識されている。一方で、大林と安山は地理的にソウルの外郭あるいは京畿道《キョンギド》の工業団地に位置しており、「低開発」国家から来た労働者階層の多人種が集中している「危険な」地域あるいは「警戒」すべき地域として認識されている。他者についてのこうした空間的マッピングは、一方で、ソウルがニューヨークやパリのような人種的、文化的多様性をもつ「グローバル都市」と同様、多様性が共存する都市であることを印象づける。また、他方では、これらのエスニック・コミュニティを差別的に評価することにより、空間的な境界づけを通じて多様性を管理しようという欲望が反映されたものだともいえる。

このような空間的な配置の中で、梨泰院は、特定の民族や人種が排他的に占有している空間というよりは、さまざまな外国人が集まっている場所として認識されている。その多様性から、韓国人がマジョリティで外国人がマイノリティだろうという「当然の」認識が、梨泰院では疑問視されもする。人種や民族的な多様性を超え、階層的にも、前述したグローバルの上層回路を通じた経済的エリートと下層の回路を通じた移住労働者が共存する。もちろん多様性が空間的に梨泰院に集中することになった歴史的な背景が存在する。また、韓国全体で多文化主義の議論が盛んになるにつれ、梨泰院が韓国社会においてもつ象徴的な意味にも大きな変化があった。実は多文化主義が公の場で盛んに議論される以前に、すでに梨泰院は多文化主義が時間的に先に到着した場所だったし、それ以降の韓国社会の多文化主義がどのような方向に進むのかを推し量ることのできる空間として注目すべき価値のある場所だ。

米軍基地のとなりの梨泰院

梨泰院は、ソウルの中の「異邦人」あるいは「外国人」のための空間として知られるが、歴史的にこの「他者」が意味する対象は限りなく変化してきた。これは梨泰院の地理的要因のためでもある。朝鮮王朝時代（一三九二―一九一〇）から梨泰院は、当時の首都であった漢陽《ハニャン》に入る際の主要な関門の一つだった。漢江《ハンガン》の北側に位置していた漢陽は、日帝時代（日本による植民地期）と解放後の都市化を経験した。ソウルの面積が徐々に広がっていった現在では、梨泰院は、ソウルを東西に分ける漢江沿いに位置しており、ソウルの最中心部に位置することとなった。こうした地政学的な位置のため梨泰院は軍事的にもたいへん重要な場所となった。外部からの侵入があるたびに、外国の軍隊がこの場所に駐屯し、朝鮮王朝時代には清の軍隊、日帝時代には日本軍が駐屯した。独立後、日本軍の駐屯地をそのまま活用した国連軍司令部と米軍部隊は今日までソウルの最中心部に駐屯している。

梨泰院を含む龍山《ヨンサン》区の形は扇形だが、中心にある米軍基地を起点に東と西に分かれており、それぞれが龍山区の面積の三分の一ずつを占めている。龍山区の西側には地方とソウルを結ぶ交通の要地としてのソウル駅と、現在は過去の繁栄を失っているが龍山電子商街と古い街を再開発して建てられたマンションが立ち並んでいる。東側には梨泰院洞を含み、高級住宅地として知られる漢南洞《ハンナム》と、さまざまな多世代、大家族住宅が集まる普光洞《ボグァン》など主に住宅地がある。このうち梨泰院は、東西に延びた一・四キロメートルにわたる梨泰院路を中心とした商業施設と住宅地が混在した地域として、北側は南山《ナムサン》、南側は漢江に対峙している。

朝鮮戦争（一九五〇―一九五三〔休戦―編者注〕）直後は廃墟だったが、米軍基地との近接性のため、米軍の遊興のためのクラブやバーができはじめ、それ以外にも彼らを客とするさまざまな商業施設が集中した。たとえば、外国人のための大きいサイズの衣類やオーダーメイドのスーツを売る店や、彼らが国に帰るときに買う記念品などを売る店に至るまで、そして何よりも米軍のためのクラブやバーで性売買を行ういわゆる基地村の姿まで持ち合わせていた。そして軍隊内ではもちろん、梨泰院の商店で働く韓国人のための住宅地と、彼らを客とする市場や美容室など日常的な暮らしの空間が共存していた。

一九六〇年代以降、一九八〇年代まで、相当数の外国人のみが出入り可能な空間だった。米軍基地はソウルの中心部に位置しているにもかかわらず、韓国の住所体系とは別の米国の住所体系となっており、一つの独立した都市のように、内部の人々のためのホテル、住宅、学校、宗教施設などを基地内に備えている。そこで働く韓国人を除き、韓国人の出入りも厳格に統制されている。基地の外にある梨泰院のクラブやバーも韓国人の出入りを禁止し外国人だけを相手にするところが多かったし、とりわけ性売買が行われる場所の主な顧客は米軍であるため、彼らを管理する目的で、梨泰院一帯は米軍部隊の統治力が、韓国政府や警察の統治より優先された。こうした側面において、韓国の領土内に存在しながらも、梨泰院は韓国政府の統治から抜け出た「脱領土化された」地域（キム 二〇〇四）としてとらえられていた。

人種的に単一民族国家だという信念と、女性の性に対する保守的な見方がより強かった一九七〇年から一九八〇年代の梨泰院は、「一般的なマジョリティ」としての韓国人にとって、道徳的、性的に「汚染された」空間として認識された。米軍駐屯という類似する歴史をもつ日本における戦後の米軍の意味について分析した吉見俊哉（Yoshimi 2003）は、日本の場合、米軍基地は、都心である東京から島の沖縄に移転し、日本人には認識論的に欲望の対象と暴力の主体であるふたつの「アメリカ」が分離されたと指摘している。すなわち、戦後の六本木、原宿、銀座など東京の都心に主に位置していた米軍の居住地は高級団地でありそこで出会う米軍は米軍中産層の暮らしを再現したものであるため、戦後の日本人が羨望し欲望の対象として見つめることのできる「アメリカ」を象徴した。徐々に沖縄へと米軍基地が移転し、実際に多数の軍人と日常に出会うことになり、彼らが誘発する暴力的な状況や事故に象徴される「暴力的な」アメリカは、前述した都心と分離され、地理的に沖縄へと制限されることにより、暴力的なアメリカと羨望の対象としてのアメリカへの日本人の認識も分離されてきたと吉見は指摘している（Yoshimi 2003）。

しかし、ソウルの梨泰院は、軍部隊が現在も駐屯しており、少なくとも一九九〇年代はじめまで暴力と欲望の対象としてのふたつのアメリカが分離されずに共存してきた。梨泰院において韓国人への米軍の犯罪、特に性売買女性を対象とした犯罪は梨泰院を危険な場所だと認識させた。と同時に米軍隊を通じて韓国社会に流入した米国の大衆文化、英語書籍、米軍将校との国際結婚などは、「豊かな」アメリカを見つめ、消費できる通路となった。このように米軍基地のとなりの梨泰院という地域は米軍の犯罪と暴力に、より簡単に露出されうるという意味で警戒の対象であり、「豊かな」米国と経済的な富により近づくことのできる通路として羨望の対象だった。少なくとも一九九〇年代はじめまで、梨泰院を「多文化主義」的空間として認識する者はいなかった。むしろ一般的な韓国社会において梨泰院は、民族主義的あるいは脱植民的視点で領土への統治性が発揮されない不正義の空間として考えられていた。

梨泰院の変化、多様な他者の空間

しかしマジョリティ・グループである外部の韓国人にとって、警戒の対象であり羨望の対象として考えられていた梨泰院は、実際には、前述のバウマンの言葉のように、異邦人と日常的空間を共有することが暮らしの条件となった、そんな場所だった。ここで異邦人とは、外国人特に米軍人という特定グループだと説明したが、実はその内部で梨泰院はさまざまなマイノリティ・グループが空間的に集中していた場所だった。たとえば、米軍だけでなく数十か国の大使館が集まり、さまざまな国籍の外国人が住んでいる。また、米軍相手の性売買だけでなく、トランスジェンダーやゲイ・コミュニティなどさまざまな性的マイノリティのコミュニティが形成された。何より梨泰院内では韓国人もまた一人の異邦人として認識されるほど、外国人の存在がより自然な空間であった。このようなさまざまなマイノリティ・グループは、梨泰院という空間を媒介として彼らの日常的な暮らしを維持していた。

また梨泰院は、孤立した地域ではなく、このような異邦人の多様性が、主流社会である韓国の他地域へと拡散していく主要な地点でもあった。たとえば、米国の大衆音楽についていえば、軍部隊内において米軍を相手に彼らの音楽を演奏していた韓国人ミュージシャンたちは、韓国の大衆音楽界の先駆者としての地位を築いた。米軍基地で軍人相手に売られていたさまざまな消費財が米軍と韓国人の仲介業者を通じて韓国内の市場で取り引きされ、米国の雑誌や英文小説などは、デザイナーが情報を入手したり、大学生が英語を学ぶための教材として取り引きされたりした。

梨泰院の経済的・文化的全盛期は一九八〇年代だった。一九八八年のソウル・オリンピック開催を準備する際、政府は外国人観光客が増加することへの準備対策として梨泰院をソウルの代表的な観光地として成長させるため、経済的、政策的支援を行った。しかし逆説的に、これをきっかけとして梨泰院の全盛期は過去のものとなっていった。これには大きく三つの原因がある。直接的には、オリンピックを準備する過程で行われた梨泰院への経済的支援などが、オリンピック後訪問客が減少することにより、過剰投資につながっていった。二つ目に、市民社会が持続的に要求してきた米軍基地のソウル外への移転に関する議論が具体化し、相当数の部隊と軍人が龍山区の米軍基地から京畿道地域に再配置されはじめた。これにより、米軍を相手にしていたクラブと性売買の店は移転し、梨泰院の商店街の相当部分が変化しはじめた。最後に、オリンピック開催を契機として韓国社会は政治的民主化とともに経済的、社会的開放を加速化させることになった。海外旅行の自由化と海外に出る留学生の増加、そして一九九〇年代後半からは、労働市場の開発で海外労働者が流入し、かつて梨泰院が韓国社会内で持っていた「異邦人の空間」という修飾語が似合わなくなるほど、韓国社会のグローバル化は加速した。

ソウルの多文化主義を象徴することになった梨泰院

一九九〇年代後半から、韓国に流入する移住労働者と結婚移住者が本格的に増加した。ソウル外郭の建設現場や工場で働く移住労働者や「農村の独身男性」との結婚で地方に住む比率が高かった結婚移住者に比べ、梨泰院に住む外国人たちは主にサービス業に従事しており、都心に住む彼らは、韓国の典型的な移住民とは異なる混成の他者だった。たとえば、ソウルの唯一の公式的なイスラム寺院がある梨泰院地域に住むムスリムの人々、グローバル化の影響で需要が急増した英語教師として就職した二〇—四〇代の外国人、韓国に滞留する外国人の過半数を占めている在中国コリアン（Korean Chinese）、フィリピン系のサービス業従事者たち、ナイジェリアン・コミュニティなど、今や梨泰院の「異邦人」たちは米軍という典型性を超えて階層的、職業的、人種的に多様化している。そしてこの間、梨泰院を訪れることを躊躇していた韓国人たちも、米軍と彼らを相手にしていた商店の代わりに新しく作られたエスニック・フード店やトレンディなカフェなどを楽しむための消費者として梨泰院を訪れはじめた。

空間的にもその範囲は広がっている。これまで梨泰院と呼ばれていた場所は、現在地下鉄梨泰院駅を中心とした、左右に続いている一・四キロメートルの梨泰院路の両側に立ち並ぶ商店、カフェやレストラン、クラブやバーなどの商業地域を意味していた。しかし徐々に梨泰院路を起点とし、北側の住宅地であるプチョンの漢南洞を中心に、レストランとカフェはもちろんのこと、江南から移転してきた衣装デザイナーやジュエリー・デザイナーの店、そして有名企業の売り場などが立ち並びはじめた。初期にはこれらの通りや街は、梨泰院が持っている地域的な独特さと文化的な多様性の延長線上で梨泰院の一部として理解されていた。しかし徐々にその場所に位置する有名な建物や古い通りの名を冠した通り（キョンリダンキル、コムデギャルソンキル、ウサダンキル）ができ、梨泰院とは独立したアイデンティティを作り出している。

最近の梨泰院は、その空間的境界が拡張したことにより、既存の古い店はもちろんのこと、住宅も若い世代を対象とする商業的な空間として変化し、トレンディなカフェやレストラン、パブ、ライブハウス、ギャラリーと、アーティストたちの工房が立ち並ぶ商業的ジェントリフィケーションが活発に進行中だ。ジェントリフィケーションとは、都心に労働者階層が主に居住していた古い住宅地に文化的趣向をもつ中産階層が移住することにより徐々に中産階層が

図1　梨泰院の路地風景

ハングル以外の看板が目立つ（著者撮影）

経済的下位階層を（その地域から）押し出すという都心の変化を指す（Glass 1964=2010; Smith 1996）。商業的ジェントリフィケーションもまた、既存の住民を追い出してしまう結果を招くのだが、居住地の高級化よりも主に商業施設が新しく入る現象を意味する。

　こうした変化を主導するジェントリファイアー（gentrifiers）は文化的趣向を通じてその空間の文化的価値を発見、解釈し、大衆的に伝播するいわゆる「批判的インフラ（critical infrastructures）」の役割を担うことになる（Zukin 1991）。彼らにとって梨泰院はもはや米軍中心の性売買業者や違法で道徳的に「堕落した」過去のイメージではなく、グローバル都市ソウルの人種的、文化的多様性を経験し消費することのできる空間として理解されている。今や梨泰院は、さまざまな外国人はもちろんのこと、韓国社会においてオルタナティブなライフスタイルを追求する文化企画者や芸術家などが居住したり働く空間として新たに認識されている。このように、これまで停滞期にあった梨泰院は、二〇〇〇年代に入り、新しい異邦人の登場と、彼らが作り出す消費文化の中心地となっており、こうした流れはグローバリゼーションと多文化主義の結果として理解されている。昔も今も梨泰院が日常的レベルで多様な異邦人と出会いともに空間を共有し生きていかなければならない場所であることは明らかだが、一九八〇年代までの梨泰院と二〇〇〇年代の梨泰院を取り巻く社会的ディスコースは変化してきた。今も米軍基地は龍山区の中心部にあるが、その存在とは関係なく、そして米軍との象徴的なつながりが徐々に消えるにつれて、この地域は他のグローバル都市でよくみられる、フロリダが述べた「クリエイティブ・クラス」としての多様なマイノリティグループと芸術家、専門職従事者たちを魅了する魅力的な空間の一つとして理解されている。

おわりに

韓国の多文化主義に関する研究や社会的ディスコースは、主に男性移住労働者と女性結婚移住民に焦点が当てられている。この二つのグループがそれぞれ生産労働現場と家族の再構成において重要な影響をもたらす移住民だからである。多文化主義を標榜している政府の政策もまた、彼らに対する管理と教育などに焦点を合わせ、前述のような再分配と承認の政治の対象として彼らを見つめている。ここで韓国政府または韓国人は、彼らに対する公正な再分配や承認の政治を遂行する主体もしくは管理者として創造され、このとき、韓国人対外国人という二分法的認識が作動している。

それに比べて梨泰院は、人種的単一性を重要視してきた韓国社会において多文化主義の議論が本格化するずっと以前から、異邦人といえる外国人はもちろん、多様な社会的マイノリティが空間的に集まっていた場所だ。日常的な空間において、互いが異邦人としてともに暮らしていく空間である梨泰院では、韓国人か外国人かという区分はさほど重要ではないので、多文化主義が強調する承認の政治学や経済的再分配という政策的介入よりも、日常的空間で個々人の間の出会いと交渉が行われるという側面において重要な空間である。もちろん一九八〇年代後半までは、米軍という単一のグループが代表的な異邦人として韓国人に比べて優越的な経済的、政治的地位にあり、梨泰院という空間で相対的に優越的な支配力を持っていた。

しかし一九九〇年代以降、梨泰院の異邦人が徐々に多様化することにより、ある一つのグループが自身をマジョリティとして認識することができないほど多様性の空間となったといえる。こうした現実ではデリダの述べる歓待も、韓国人が外国人に一方的に施すものではなく、歓待を施す主体とその対象がより流動的になりうるのである。この状況が、ほかのどの地域よりも梨泰院では歓待の文化や多文化主義がより情に厚い形で実現していることを意味しているわけではない。この空間においても依然として人種や民族による警戒と差別、そして最近では商業的な空間が増加することにより、階層的差異による歓待と差別が発生している。しかし多文化主義が追求する正義と平等の原則が政策的に介入しているほかの空間に比べ、梨泰院は長らく異邦人の共同体として存在してきたため、このような原則が日常レベルで自然に実現される可能性を内在している。二〇〇〇年代以降、徐々に商業化される梨泰院の変化がこうした可能性を脅かしうるともいえるが、梨泰院の人種的、文化的多様性が持続する限り、互いの違いを認める承認の政治学と歓待の文化はすでに多文化主義を標榜する政策よりも進んだ形で梨泰院に存在している。

注

（1） The Telegraph（二〇一一年七月二六日付）http://www.telegraph.co.uk/news/worldnews/europe/norway/8661597/Norway-attack-killer-praises-Japan-as-model-country.html

〔参考文献〕

김은실『변화하는 여성문화 움직이는 지구촌』푸른사상、二〇〇四（キム・ウンシル『変化する女性文化の動きは地球村』プルンササン、二〇〇四年）。

데리다、자크（Derrida, Jacques）、남수인 역『환대에 대하여』동문사、二〇〇四（ジャック・デリダ著、ナム・スイン訳『歓待について』トンムンサ、二〇〇四年）。

윤인진「한국적 다문화주의의 전개와 특성――국가와 시민사회의 관계를 중심으로」『한국사회학』四二（二）、七二―一〇三、二〇〇八（ユン・インジン「韓国的多文化主義の展開と特性――国家と市民社会の関係を中心に」『韓国社会学』第四二巻第二号、七二―一〇三頁、二〇〇八年）。

짐멜, 게오르그、김덕영 윤미애 옮김「이방인」『짐멜의 모더니티 읽기』七九―八八、二〇〇五（ゲオルク・ジンメル著、キム・ドギョン／ユン・ミエ訳「異邦人」『ジンメルのモダニティの読み方』二〇〇五年）。

Bauman, Zygmunt. *Liqid Times: Living in an Age of Uncertainty*. Polity, 2010.

Fraser, Nancy and Honneth, Axel. *Redistribution or Recognition?: A Political-Philosophical Exchange*. Verso: London, New York, 2003.

Glass, Ruth. “London: aspects of change”, in T*he Gentrification Reader*, Lees, L., Slater, T. and Wyly, E.（eds.）7-8, London and New York: Routledge, 1964/2010.

Kymlicka Will. “Liberal Multiculturalism: Western Models, Global Trends, and Asian Debates,” *Multiculturalism in Asia*, Oxford University Press, 2005.

Smith, Neil. *The New Urban Frontier: Gentrification and the Revanchist City*. London: Routledge 1996.

Taylor, Charles. Multiculturalism and the Politics of Recognition: An Essay by Charles Taylor. Princeton University Press 1992.

Yoshimi, Shunya. "'America' as desire and violence: Americanization in postwar Japan and Asia during the Cold War," *Inter-Asia Cultural Studies*, 4 (3): 433-450, 2003.

Zukin, Sharon. *Landscapes of Power: From Detroit to Disney World*. University of California Press, 1991.

7

清凉里・ミアリ

チョンニャンニ・ミアリ

集娼村とミソジニー

羅　一等

はじめに

本章では、ソウルの集娼村《チプチャンチョン》（집창촌）について、ジェンダー・セクシュアリティ研究の観点から分析を行う。集娼村とは、売買春の営業を行う店が密集する地域のことをいう。この地域のことを私娼街《サチャンカ》（사창가）または娼女村《チャンニョチョン》（창녀촌）とも呼ぶが、本章では集娼村という言葉を用いることにする。私娼街という言葉は「公娼街」と対になる言葉で、それを用いると公娼制度が存在しない現代韓国にあたかも公娼街が存在するかのような印象を与えてしまう。娼女村という言葉は、売買春の買い手が売り手を蔑んで呼ぶときに使われることが多いので適切ではない。

この章では、まず韓国の集娼村の歴史を概観し、次に分析で使用する理論を紹介、最後にソウルの集娼村の観察と分析を行う。本章の目的は、ソウルの集娼村を取り上げて、ジェンダー・セクシュアリティ研究の観点から韓国の風俗産業を考察することである。

ここで学ぶキーワードは、「性労働」「ミソジニー」「ホモソーシャル」である。

集娼村の歴史――発展と衰退

韓国の集娼村のはじまりは、日本統治時代の朝鮮に遡る。一九世紀末、朝鮮では釜山などの港町に日本人が住むようになり、日本人の居住地周辺に売春業の店ができはじめた。二〇世紀初頭には、鉄道の建設とともに朝鮮全土の港町と都市に売春業が広がるようになり、売春業の許可制を経て一九一六年に朝鮮総督府が「貸座敷娼妓取締規則」を公布し、全国的で統一的な公娼制度が確立された（藤永 二〇〇四、ユン 二〇〇七）。一九三〇年代には、植民地朝鮮に日本の風俗業態の一種である「カフェー」が登場し、私娼が増加する（ホン 二〇〇七）。そして、満州事変から太平洋戦争までの戦争期間中、軍人を相手にする売春制度が運用された（ハンギョレ新聞 一九九〇、韓国挺身隊問題対策協議会・挺身隊研究会 一九九三）。

第二次世界大戦の終結後、日本の植民地支配から独立した朝鮮半島では、ソ連とアメリカによる軍政が敷かれるが、朝鮮半島の南部を統治していた米軍政庁は、一九四七年に「公娼制度等廃止令」を公布して公娼制を廃止した（ヤン 二〇〇二）。それ以来、韓国では公式的に公娼制は存在しない。

しかし、朝鮮戦争が勃発した一九五〇年から韓国政府は韓国軍と国連軍のために慰安所を設置、「特殊慰安隊」と呼ばれる女性たちに性労働をさせた（金貴玉 二〇〇四、二〇一〇）。公娼制は公式的には一九四七年に廃止されたが、実質的には運用され続けたのである。

実質的な公娼制は、朝鮮戦争の休戦後に「基地村《キジチョン》（기지촌）」の形で引き継がれた。基地村とは、米軍駐屯地周辺に形成された集娼村のことである。韓国政府は、一九六一年に「淪落行為等防止法」を公布して売買春を禁止するが、それは建前であって、一九六二年には全国一〇四か所に「特定地域」を設置して例外的に売買春を認めるなど、実質的な公娼制の運用を継続した。

基地村はアメリカとの軍事同盟と外貨獲得の手段として考えられていた。基地村はアメリカ軍のニーズに応えることで駐屯を安定させる役割を果たし、同時にドルが流入する主な窓口でもあった。政府は基地村で働く女性たちに定期的な「愛国教育」を実施して、お国のために働いているという意識をもつようにした(Hughes, Chon, Ellerman 2007)。そして、基地村で働く女性の性病を検査・治療する「性病管理所」を設置するなど（金蓮子 二〇〇五＝二〇一二）、組織的に管理した。

以降、基地村を中心に集娼村の労働人口と市場規模は成長を続けるが、二〇〇〇年代から衰退しはじめる。転機は二〇〇四年に制定された「性売買斡旋等行為の処罰に関する法律」と「性売買防止及び被害者保護等に関する法律」、通称「性売買特別法」であった。性売買特別法は淪落行為等防止法に代わるもので、淪落行為等防止法に比べて取り締まりの対象と処罰が厳しいのが特徴である。性売買特別法の施行により集娼村の店舗と労働者の数は減少するが、集娼村の外、つまり住宅街、オフィス街、インターネット上、海外などでの売買春件数は増加したと言われている。集娼村への取り締まりが強化された分、集娼村の外での売買春が増えたのである。この現象を風船効果という。押しているところは凹むが、その周りは逆に膨張する風船の様子に喩えた表現である。

売買春の実態は統計でとらえることが難しいので、実際に風船効果があったかどうかを確認するのは難しい。しかし、集娼村の店舗と従業員の数が減少したのは事実である。そして、それは新たな問題を生んだ。集娼村で働く性労働者の女性にとっては労働条件の悪化、売買春を取り締まる側にとっては法の執行が困難になるという問題である。集娼村の外で行われる売買春の場合、成人同士の合意による性関係と見分けることが困難なため、警察が売買春を取り締まることが難しい。性労働者の立場からは、集娼村で仕事をするあいだは、社会の援助や同業者との相互援助を期待できるが、集娼村の外ではそれを期待できない。また犯罪の被害にあう可能性も高くなる。

性売買特別法の施行後、この法に対する問題提起が相次いだ。取り締まりの強化によって職場を失った性労働者たちは、自らの生存権（社会の中で健康で文化的生活を営む権利）を主張し、断続的にデモを行っている。また、性売買特別法の憲法違反を問う憲法訴願も二〇〇四年から二〇一二年のあいだに七件あった。二〇一六年には、ソウル北部地方法院（日本の地方裁判所にあたる）が憲法訴願審判を請求することがあった（憲法裁判所の判断は、裁判官九人のうち合憲六人違憲三人で、合憲とされた）。

二〇一七年現在、ソウルの集娼村では再開発が進んでいる。もともと交通の要衝地や米軍駐屯地周辺に形成された集娼村は、不動産開発としての価値が高く、性売買特別法の施行によって空洞化した場所は恰好の開発地である。集娼村は約半世紀の発展過程を経て、現在は消滅に向かっている。

ホモソーシャルと分断支配——ジェンダー・セクシュアリティ論から

ソウルの集娼村を読み解くために使用する理論的枠組みは、セジウィックのホモソーシャル概念（Sedgwick 1985=2001）と上野千鶴子の分断支配概念（上野 二〇一〇）である。

(1) セジウィックのホモソーシャル概念

ホモソーシャル(homosocial)とは、性愛をともなわない同性同士の連帯のことである。セジウィックは、ホモソーシャルの概念を用いてミソジニー(misogyny=女性嫌悪)の構造を説明した。そもそも同性同士の連帯には、性愛をともなうものと性愛をともなわないものがあり、前者をホモセクシュアル(homosexual)、後者をホモソーシャルという。セジウィックは両者が切れ目のない連続体を形成していると仮定し、社会統制のために男性側が両者の連続性の否定、隠ぺいするときにホモフォビア(homophobia=同性愛嫌悪)とミソジニーが必要とされると論じた。

セジウィックの仮定どおりにホモセクシュアルとホモソーシャルの境界が明確ではないとすると、男性同士の強烈なホモソーシャルの上に成り立つわれわれの社会では、両者の境界を明確にすることがとても重要になる。両者の境界が崩れると、支配者(=性的主体)と被支配者(=性的客体)の境界が曖昧になってしまい、社会も崩れてしまう(=社会を統制できなくなる)からである。そこで、両者の境界を明確にさせるために用いられるのが「女らしさ」の抑圧、つまりホモフォビアとミソジニーであるというのがセジウィックの説明である。

男性のホモソーシャルがミソジニーを必要とするのは、つまり次のようなことである。男性のホモソーシャルは、互いが男性として性的主体であることを確認し合うことで成り立つ。そして、男性の性的主体性を確認することは、女性を性的に客体化することで達成される。女性を男性と同等の性的主体として認めず、客体化・他者化することで男性の性的主体性は成立・維持されるのである。したがって、男性同士の絆は男性だけでは成立せず、必ず女性を必要とする。そして、男性のホモソーシャルにおいて、男性は同一化の対象であり、女性は排除の対象になる。女性を排除することで男性同士の絆が深まるというメカニズムである。この女性排除のことをミソジニーという。

（2）上野千鶴子の分断支配概念

上野は、ミソジニーの表れ方には女性蔑視と女性崇拝の二つの側面があると指摘する。女性は男性によって、崇拝の対象と蔑視の対象とに分断される。この二分法は、たとえば、聖女と娼婦、妻・母と売女、結婚相手と遊び相手などといったわれわれに馴染みのある二分法である。

ミソジニーが女性蔑視と女性崇拝の、一見相反する二つの側面を持つのは、性の二重基準（sexual double standard）によるものである。性の二重基準とは、男性に適用される性道徳と女性に適用される性道徳が異なることを意味する。たとえば男性の場合、性経験が多いことが自慢になるが、女性は性経験が多いことは望ましくないとされる。このような性の二重基準は、夫婦中心の近代家族と産業としての売買春が成立した一八世紀から一九世紀にかけて生まれたものである。近代の一夫一妻制は、形式的には夫と妻の相互貞節を前提にしているが、そのため、男性が性の二重基準に基づいて「反則行為」をするには、それに相手をしてくれる女性が必要になる。そこで生まれるのが蔑視の対象の女性集団である。男性は性の二重基準によって女性を「聖女」と「娼婦」に分断し、聖女は崇拝の対象に、娼婦は蔑視の対象にする。しかし、聖女も娼婦も結局は男性の性的主体性を成立・維持するために女性を客体化・他者化したものなので、両者はともにミソジニーの表れである。

崇拝の対象となる女性集団を言い換えると生殖用女性、蔑視の対象となる女性集団を言い換えると快楽用女性である。生殖用女性は快楽を奪われ生殖の領域へ疎外された存在で、快楽用女性は快楽（男性の快楽）に特化され生殖の領域から疎外された存在である。このように女性を生殖用女性と快楽用女性に分断することで、女性同士が対立する構図が生まれ、ジェンダー支配構造は強化される。

集娼村を歩く

では、実際にソウルの集娼村を歩いてみよう。集娼村の歴史の節で述べたように、集娼村は空洞化が進んでいて、地理的空間として集娼村の形を残しているところは多くない。ソウルで有名な集娼村は、千戸洞《チョノドン》、清涼里《チョンニャンニ》、下月谷洞《ハウォルゴクトン》、永登浦《ヨンドゥンポ》のものがあるが、中でも規模が大きく、現在も営業を続けている店が多い清涼里と下月谷洞の集娼村を歩くことにする。

（1）清涼里五八八

「清涼里五八八」は清涼里駅周辺に形成された集娼村である。清涼里駅は東京の上野駅のようにいくつもの鉄道路線が交差する大きな駅で、そこからソウル市内と地方へのびる鉄道に乗ることができる。

清涼里駅を降りると現代式の駅舎が広がる。一九五九年から使われていた古い駅舎は取り壊され、二〇一〇年から新しい駅舎に生まれ変わった。駅舎の前の広場は、何車線もある広い道路を複雑に行き交う車で騒がしい。広場の端には、車の騒音に負けじと大音量で音楽をかける物売りの屋台が並ぶ。屋台はいくつもあってちょっとした市場になっている。

屋台と屋台のあいだを縫うように歩くと、突如幅の広い静かな道が現れる。幅が五メートルはあるアスファルト道の両側には、一階の側面が透明なガラス戸で覆われた建物が立ち並ぶ。ここが清涼里五八八である。五八八という数字は、この地域の番地に由来すると言われている。

午後三時。ここを通る人は少ない。先ほどの物騒がしい雰囲気とは打って変わって静寂さが周りを包み込んでいる。

図1　清凉里五八八

（著者撮影）

六〇代ほどの男性数人が、ガラス戸には目もやらずに歩く姿が見える。たまに乗用車と軽トラックが通る。夜になると少し人気が増えるだろうか。

ここをほかの地区と区分する境界のようなものはない。「青少年通行禁止区域」と書かれた標識がぽつぽつと立っているだけで、知らない人はうっかり迷い込んでも不思議ではない。そんな街がかなりの面積に広がっている。長い方だと、端から端まで歩いて一〇分はかかる。店舗数はざっと一〇〇店舗。ガラス戸の店は「琉璃房（ユリバン＝ガラス部屋）」と呼ばれる。琉璃房でない店もあるので、全体の店舗数はもっとあるはずだ。しかし営業をしている店は少ない。一〇軒に一軒の割合で明かりがついている。まだ昼間だからというのもあるが、空き店舗も目立つ。

二〇一〇年、ここで殺人事件が起きた。客の五〇代男性が三〇代の女性性労働者を殺害した事件である。現場は琉璃房の奥にある部屋で、性労働者が客と二人きりになる密室空間だった。事件発生時刻は午後二時頃。人気が増える夜より昼間の方が犯罪にあいやすい。実は集娼村での殺人事件は珍しいことではない。ここで働く人々は、危険と隣り合わせの日常を送っている。二〇一〇年の事件のときも、現場周辺の店は事件翌日から営業を再開したという。

ところどころに貼り紙や垂れ幕が見える。内容はさまざまである。性労働者の全国団体である「ハント（한터）全国連合会」を広報するものもあるが、ほとんどは清凉里の再開発に賛成、または反対を訴える内容である。店の裏にある建物の二階に「管理処分計画認可」を祝う垂れ幕がかかっていた。再開発の工事が間もなくはじまるという意味である。五月から建物の取り壊しがはじまり、ここには地下七階地上六五階建て、高さ約二〇〇メートルの超高層ビルが建設される予定である。

（2）ミアリ・テキサス

清凉里駅から地下鉄で三〇分ほど北に移動すると、住宅やオフィスが並ぶ街に出る。「ミアリ・テキサス」は、その最大往復八車線の国道と高速道路の高架橋に挟まれたところにある。ミアリ・テキサスの南側には駐車場ビル、北側には高層ビル、道路に面したところには雑居ビルや商店が立ち並んでいて、自然と外の世界との境界をつくる。中に入るには、入り口を通らなければならない。入り口の前では道路を走る車の音しか聞こえないが、一旦中に足を踏み入れると、そんな騒音は気にならなくなる。

ミアリ・テキサスの「ミアリ（ミア里）」は、ここの地名ではない。ミアリ・テキサスが位置するのは下月谷洞で、本当の「ミア」は少し離れたところにある。「ミア」という地名が通りやすかったのでそれを借用したのである。「テキサス」の由来は定かではない。

入り口は十数か所ある。通行人の多い道路に面した入り口は幅が狭く、通行人の少ない方は広い。車が通れるのは広い方だけである。すべての入り口にのれんのようなものがかかっている。通行人の多い方ではのれんの幅が広くて奥が見通せない。通行人の少ない方ではひものれんがかかっていて奥まで見える。しかし、「未成年者出入禁止」という警告が貼りつけられているのは、すべてののれんが同じである。

中に入ると、様子が一変する。道は急に狭くなったりくねくねしたりしていて、まるで迷路のようだ。道の幅は、広いところは三メートルほどで、狭いところは二メートルもない。そんな道の両側に店が並んでいる。清凉里五八八は幅の広い道がまっすぐのびていて構造がわかりやすいが、ここでは迷子になってしまう客も多いだろう。

道が狭いところでは、屋根と屋根、軒と軒が重なるくらい建物と建物との距離が近い。そこに簡易的な屋根を設置して、雨に打たれずに通行できるようにしているところもある。店の数はざっと二〇〇店舗以上。全盛期は四〇〇も五〇〇もあったそうである。店の形はさまざまである。琉璃房の形をしているところもあれば、ガラス戸がついていないところもある。ただ、ほとんどの店の前に椅子やソファーが置いてある。客引きの「イモ（おばさんを親しく呼ぶ呼称）」が座る椅子である。

清凉里五八八と違って、ここには異様な雰囲気がある。オレンジ色の簡易テントで日よけや二重扉をつけているところが多く、晴れた日でも太陽光が直接当たる場所が少ない。そのせいで昼も薄暗いオレンジ色の世界になる。少し歩くと、車や屋台、ＡＴＭも発見できる。突然現れた猫を追って地面に目をやると、そこにも色んなものが置いてあった。高さ一五〇センチくらいの物置、エアコンの室外機、丸くて大きなゴムのゴミ箱、ゴミがぱんぱんに入った大小のビニール袋、タオルなどを干す物干し。ところどころに電柱が立っていて、たくさんの電線がわけがわからないほど複雑に交差している。その隙間から古い看板や街灯が見える。

異様な雰囲気の正体は生活感である。住民がいて、住民にはそれぞれの役割があって、互いが助け合いながら毎日を生きる一つの街。ミアリ・テキサスでは、その痕跡を読み取ることができる。この生活感はもちろんそこの住民たちの生活感であって客の生活感ではない。売春と買春は対になっているが、買春をする側は「現場」にとどまる必要がない。非難に耐えながら生活をする必要がない。

図2　ミアリ・テキサスの東側に設置されたフェンス
（著者撮影）

ミアリ・テキサスの東側には、高いフェンスが設置されている。フェンスの高さは成人男性の身長ほどで、フェンスの手前には背の高い街路樹が立ち並んでいる。ミアリ・テキサスと外の世界を境界づけるこのフェンスは、周辺地域の住民の要望、特に母親たちの要望によって作られたものである。「夫と息子が客になるのを防止するため」が理由らしい。彼女たちにとって夫と息子は被害者ではあっても加害者ではない。現場にとどまる必要がない加害者は、そこから一歩出てしまえばいくらでも被害者側に立つことができる。

あちらこちらに「貸し物件」の貼り紙が貼られている。一九八〇年代から一九九〇年代は景気がよかったらしい。当時は日本人男性の観光コースとして人気があったという。性売買特別法以降は、警察による取り締まりの強化に加えて、周辺地域住民の通報も増えたそうだ。客のふりをして取り締まる警官もいるので、警戒を怠れない。

二〇〇五年。ここで性労働者女性五人が死亡、一人が大けがを負う火災が起きた。火事があった店は事故の前日に警察の取り締まりにあって、斡旋業者一人と性労働者女性九人が売買春の疑いで調査を受けた。しかし、調査を受けた後、店に戻って深夜一時から営業を再開した。仕事をしないと罰金を払えないからである。朝まで働いた後、彼女たちは眠りについた。そして正午頃に火事が起きた。ミアリ・テキサスの建物はほとんどが老朽化していて、内部を細かく区切って部屋を作っているところが多い。そのため、ちょっとしたことでも命の危険にさらされる。

そんなミアリ・テキサスにも再開発の計画が進んでいる。計画では最高三九階建ての複合商業施設八棟を建設する予定である。しかし、再開発に反対する住民もいて順調ではない。再開発に反対する理由はさまざまである。現案ではあまり利益が見込めないという理由もある。この地域にかかわる人々が合意に至るまでには、しばらく時間がかかりそうである。そしてその合意に、ミアリ・テキサスで生活を営む人々の声が反映されることはおそらくないだろう。

集娼村を読み解く——集娼村のミソジニー

では、ソウルの集娼村という都市空間を読み解いてみよう。集娼村の起源と成長過程からは報酬問題と倫理問題を、集娼村の衰退と現状からは人権問題を考えることができる。以下ではそれぞれの問題について説明し、分析と考察を行う。

まず、報酬問題について考えよう。報酬問題とは、戦時中と戦後、安保と経済のために性労働に動員された女性たちは、なぜその貢献が社会的に認められなかったのかという問題である。集娼村の歴史を概観した節で説明したように、国は安保と経済的目的から性労働を戦略的に利用・管理してきた。戦争のときは軍の統率と兵士の士気昂揚の目的で公娼制を運用し、休戦後はアメリカ軍の駐屯で生まれるニーズに応えるために基地村を利用し、外貨獲得の手段としても活用した。性労働に動員された女性たちは、社会全体の利益に寄与したわけだから、それを社会的に報うための制度があってもおかしくないはずである。彼女たちに十分な報酬が与えられなかったのはなぜなのか、というのが報酬問題である。この問題には、すでに相応の報酬が支払われた、と答えることができる。

セジウィックによれば、男性のホモソーシャルが成立するためには、男性が自らの性的主体性を確認し合うことが必要で、それを一緒に演じてくれる、性的に客体化・他者化された女性が必要である。男性にとってこのような女性を確保することは、同じ男性として認めてもらえるかどうかがかかった一大問題である。そして結婚と売買春は、この一大問題を解決するための装置であると理解できる。つまり、結婚は性的に客体化・他者化された女性と結ぶ長期契約、売買春は短期契約と考えることができる。より高い報酬が支払われるのは、もちろん長期契約の方である。したがって、結婚した女性には、たとえば夫の社会経済的地位を自分の社会経済的地位としてみなせる権利が与えられる。しかし、短期契約ではそのような権利は認められない。短期契約で支払われるのは「花代」のみである。

このように考えると、売買春という短期契約で期待できる報酬は、それが国の安保のためだろうが国の経済のためだろうが関係なく、時間や回数で計算した花代で済まされることが理解できる。これがもし長期契約、つまり結婚を通して国の安保と経済に貢献したならば話は変わる。敵対関係にある二つの領主間で結ばれる婚姻契約を想像するといい。自分を犠牲にして望まない結婚をした姫は、国のために身を捨てたヒロインとして歴史に名を残すだろう。しかし売春の場合、そんなことは決して起きない。どんなに多くの軍人を慰安して士気を高めても、どんなに多くの外国人から外貨を獲得しても、彼女たちに支払われるのは花代のみである。

戦時中と戦後、性労働で国の安保と経済に貢献した女性たちの功績が社会的に認められないのは、売買春という行為に倫理的問題があるからではない。「敵国に嫁ぐ姫」も身を売るのは同じである。本当の理由は、売買春という取引が時間や回数で報酬を計算する短期契約の形で女性を手軽に客体化・他者化する装置だからである。

次に、倫理問題について考えよう。倫理問題とは、なぜ国は、売買春の倫理的問題に足を引っ張られることなく、実質的な公娼制を運用できたのかという問題である。そもそも性労働という職業には、人を目的ではなく手段にするという倫理的な問題がある。また、現実レベルでも、暴行、殺人、強姦、詐欺、誘拐、人身売買、麻薬などさまざまな重犯罪と密接に関連している。そもそも韓国で公娼制が廃止されたのも、このような背景があったからである。しかし、それが非公式とはいえ、国が公娼制を運用できたのはなぜなのか。国の犯罪行為あるいは幇助行為に、なぜ社会全体は沈黙したのか、というのが倫理問題である。この問題には、女性の分断支配を図ることで、人々の目を売買春の倫理的問題から背けさせることができたから、と答えることができる。

上野によれば、男性は性の二重基準によって女性を生殖用女性と快楽用女性に分断し、支配する。女性の分断がジェンダー支配構造を強化する効果をもつ理由は、それが女性同士の連帯を妨げるからである。女性が分断されると、女性全体の問題を女性全体の問題としてみられなくなる。たとえば、身体の道具化という売買春の倫理的問題は、本当は性的に客体化・対象化される女性全体の問題である。しかし、それにもかかわらず、女性が生殖用女性と快楽用女性とに分断されることで、その問題が快楽用女性固有の問題であるかのように認識されてしまう。最初から女性の一部の問題として認識されると、問題解決の範囲も制限的にならざるを得ない。したがって問題解決への努力が既存の秩序を転覆するほどの威力をもつことが難しくなる。このような理由で、女性の分断はジェンダー支配構造の強化につながる。

国が売買春の倫理的問題に足を引っ張られることなく実質的な公娼制を運用できた理由も、このジェンダー支配構造の観点から考えることができる。女性が分断されれば、国は売買春に関連する難しい倫理問題を回避して、国の都合に合わせて女性を動員することができる。なぜならば、売買春の倫理問題が娼婦という一部の女性集団に限った問題に縮小されるからである。国が公娼制を運用するために取り組まなければならない問題は、女性全体にかかわる倫理問題ではなく、いかに女性を分断するかというジェンダー支配の問題に置き換わる。公式的に売買春を禁止している韓国で、実質的に公娼制を運用しながらも倫理的問題に足を引っ張られなかったのは、このような欺瞞があったからである。

それを裏づけるのが売買春の犯罪抑止論である。売買春の犯罪抑止論は、組織的な売買春を擁護する際によく用いられる論理の一つである。その内容は、売買春で男性の性欲が解消されれば、一般女性に対する性犯罪が減るというものである。この犯罪抑止論は、戦争のときに軍が記した書物でも慰安所の設置理由として述べられている（吉見 一九九五）。しかし、犯罪抑止論の理屈は建前に過ぎない。売買春に犯罪抑止の効果があるかどうかは、実際にはわからないからである。表現の自由に関する議論を思い出すといい。ポルノが性犯罪を抑止するか助長するか、暴力映画が暴力犯罪を抑止するか助長するか、といった問題はいまだ決着がついていない。売買春の場合も、売買春が男性の性欲を解消して性犯罪を抑止するか、それとも男性の性欲を掻き立てて性犯罪を助長するか、簡単には答えられない。

犯罪抑止論が主張される本当の理由は、それが真実だからではなく、それが女性を分断するからである。犯罪抑止論の要旨は、男性の性欲解消を担当する専門の女性がいれば、それ以外の女性を男性の性欲から守ることができるということである。実際には、快楽用女性の存在が生殖用女性の安全を脅かすかもしれないけれども、犯罪抑止論を主張する側にとってそれは重要ではない。重要なのは、快楽用女性と生殖用女性が別々のカテゴリーとして存在するというメッセージを送ることである。女性が快楽用女性と生殖用女性とに分断されれば、身体の道具化という倫理的問題は女性全体の問題ではなく、快楽用女性の問題に縮小されるからである。韓国政府が実質的な公娼制を運用できたのも、根本的にはこの欺瞞があったからである。

最後に、人権問題について考えよう。人権問題とは、なぜ国は集娼村の性労働者の生存権を十分に考慮することなく、簡単に売買春の根絶を宣言できたのかという問題である。韓国では、国が実質的に公娼制を運用していた過去もあって、集娼村での売買春が最近まで容認されていた。しかし、二〇〇四年の性売買特別法により、それまで性労働を生業としていた人たちが路頭に迷うことが起きた。風船効果という言葉で表されているように、大勢の犯罪者、失業者が新たに生まれ、国は売買春をコントロールすることが難しくなるという結果を招いた。産業構造の変化がもたらす影響を国は十分に予想できたはずである。常識的に考えると、政府は産業撤廃の影響を最小限にすべく慎重に政策を進めなければならない。しかし韓国政府は、まるで掃討作戦のように売買春の根絶を宣言し、大々的な取り締まりを行った。なぜそのようなことが可能だったのか。性労働者の生存権のことを考えれば、法の制定と施行はもっと時間をかけて、できれば当事者も加わって慎重に進めるべきである。性売買特別法の施行過程で、性労働者の生存権という人権問題が無視されたのはなぜなのか、というのが人権問題である。この問題には、人権が無視されるほどの原罪が性労働者には負わされているから、と答えることができる。

上野によれば、男性は女性を生殖用女性と快楽用女性に分断し、生殖用女性は崇拝の対象、快楽用女性は蔑視の対象とする。快楽用女性が一夫一妻制における反則行為の相手役という役割を果たしているにもかかわらず蔑視の対象とされる理由は、男性側が反則行為にともなう罪の意識を快楽用女性に転化しているからである。快楽用女性には反則行為の当事者としての罪と、男性から転嫁された罪の、二重の原罪が負わされている。反則行為をする男性側にとって、反則の相手をしてくれるだけでなく反則行為の罪悪感まで拭ってくれる便利な存在である。

娼婦が道徳的に非難される理由がここにある。売買春にかかわる当事者は、基本的に男性の客と女性の娼婦の二者である。しかし、両者間では道徳的非難の程度が異なる。性を売った娼婦は蔑視の対象になるが、性を買った男性の客は蔑視の対象にならない。むしろ性を買う経験が多いほど「通」として憧れの対象になる。この道徳的非難の差は「淪落行為等防止法」からも確認できる。この法では、「淪落行為」をした男性と女性の処罰の重さが違う。もちろん男性の方が軽く、女性すなわち娼婦の方が重い。

二重の原罪を負わされている分、快楽用女性には人権侵害も起きやすい。娼婦に対する犯罪がその件数もさることながら凶悪性が高いのは、その表れである。性労働者の人権が侵害されやすいのは、性労働者の社会経済的地位や教育水準が低いからだけではない。また、売買春という仕事自体に人権侵害の要素が内在しているからでもない。根本的な理由は、性労働者の人権は侵害してもいいように、最初から道徳的非難の受け皿として設定されているからである。韓国の性売買特別法が集娼村の性労働者の生存権を十分に考慮せずに簡単に売買春の根絶を宣言できたのは、このような理由が背景にあったからである。

おわりに

本章では、ソウルの集娼村についてジェンダー・セクシュアリティ研究の観点から分析と考察を行った。そして、集娼村をめぐる諸問題の原因が、性労働という職業に内在する問題というよりは、根本的なところでは不平等なジェンダー構造、すなわち男性と女性との権力の非対称性と関連していることを指摘した。

社会学における女性学の貢献の一つは、この不平等なジェンダー構造が社会の隅々にまで染み込んでいることを明らかにした点である。女性学の知見から得られる教訓の一つは、社会を見つめる際にはジェンダー構造という根本的な不平等構造を常に意識しなければならないということである。そして、それは日本社会を見つめるときも同じである。

〔参考文献〕

上野千鶴子『女ぎらい』紀伊國屋書店、二〇一〇年。

韓国挺身隊問題対策協議会／挺身隊研究会編、従軍慰安婦問題ウリヨソンネットワーク訳『証言　強制連行された朝鮮人軍慰安婦たち』明石書店、一九九三年（한국정신대문제대책협의회・한국정신대연구회『강제로 끌려간 조선인 군위안부들：증언집』한울、一九九三）。

金貴玉「朝鮮戦争と女性」徐勝編著『東アジアの冷戦と国家テロリズム――米日中心の地域秩序の廃絶をめざして』御茶の水書房、二〇〇四年。

金貴玉著、鄭栄桓訳「朝鮮戦争時の韓国軍「慰安婦」制度について」宋連玉／金栄編著『軍隊と性暴力――朝鮮半島の二〇世紀』現代史料出版、二〇一〇年。

金蓮子著、山下英愛訳『基地村の女たち――もう一つの韓国現代史』御茶の水書房、二〇一二年（김연자『아메리카 타운 왕언니 죽기 오분 전까지 악을 쓰다』삼인、二〇一二）。

藤永壯「植民地朝鮮における公娼制度の確立過程――一九一〇年代のソウルを中心に」『二十世紀研究』第五号、一三―三六頁、二〇〇四年。

吉見義明『従軍慰安婦』岩波書店、一九九五年。

Sedgwick, Eve K., 1985, *Between Men: English Literature and Male Homosocial Desire* Columbia University Press（上原早苗・亀澤美由紀訳『男同士の絆――イギリス文学とホモソーシャルな欲望』名古屋大学出版会、二〇〇一年）。

Hughes, M. Donna, Katherine Y. Chon, Derek P. Ellerman, Modern-Day Comfort Women: The U.S. Military, Transnational Crime, and the Trafficking of Women, *Violence Against Women*, 13 (9), 901-22, 2007.

홍성철『유곽의 역사』페이퍼로드、二〇〇七（ホン・ソンチョル『遊郭の歴史』ペーパーロード、二〇〇七年）。

양동숙「해방후 공창제 폐지과정 연구」『역사연구』제9호, 한국역사연구회、二〇〇一（ヤン・ドンスク「解放後公娼制廃止過程研究」『歴史研究』韓国歴史研究会、二〇〇一年）。

윤정란「일제하 한국 여성의 존재형태」『국사관논총』제九四집、국사편찬위원회、六五—一〇二、二〇〇〇（ユン・ジョンラン「日帝下韓国女性の存在形態」『国史館論叢』国史編纂委員会、六五—一〇二頁、二〇〇〇年）。

［新聞記事］

한겨레 신문「이화여대 윤정옥 교수의「정신대」원혼 서린 발자취 취재기」一九九〇年一月四日（ハンギョレ新聞「梨花女子大学尹貞玉教授の「挺身隊」寃魂の痕跡取材記」一九九〇年一月四日）。

8

新大久保

シンオオクボ

エスニシティで読み解く韓流の街

金　兌恩

はじめに

本章では、東京のコリア・タウンまたは韓流の街として知られる新大久保を訪ね、エスニシティをめぐる議論やキーワードを中心に読み解く。新大久保は、行政上の地名ではなく、東京都新宿区にある新大久保駅の周辺を指す。ここではコリア・タウンをはじめ、中国、台湾、香港などの中華系、ベトナム、タイ、ネパール、そしてムスリム系の店などのさまざまな「エスニック」店が立ち並ぶ大久保町一・二丁目と百人町一・二丁目（以下、新大久保）を主な対象とする。

新大久保の街並みは、どのような背景の下で形成されており、現状はどうなっているのか。また、そこでの「エスニック」なタウンの風景からは、何が読み取れるのか。その場はどうみられているのか。エスニシティ論に依拠しつつ、これらの問いへの答えを探る。

ここで学ぶキーワードは、エスニシティ、エスニック集団、在日韓国・朝鮮人、マジョリティ／マイノリティ、「われわれ」／「彼ら」などである。

エスニシティとは

エスニシティは、カタカナ語であり、日常の場面で使われることはほぼないが、社会学では重要概念である。さまざまな辞典・事典による定義を調べてみると、「民族性。ある民族に固有の性質や特徴」（『デジタル大辞典』）、「民族性、民族集団、民族と区別して使い、その集団の属性やアイデンティティーのあり方を指す」（『情報・知識imidas 二〇一七』）などと説明されている。オックスフォード英語辞典の最新版（oed.com）にも、「究極的には同じ先祖を持つとされるか、あるいは共通の民族的または文化的伝統を有する集団」という説明がある。

上述の辞典などの説明にもあるように、エスニシティやエスニック集団というタームは、文脈においては民族（集団）と転換可能な場合も少なくないが、国民国家システムにおいては「マジョリティとしての（主流）民族」に対する「マイノリティとしての少数民族」の意味で使われる傾向がある。『完訳 世界のマイノリティ辞典』の定義によると、「マイノリティとしての少数民族」、すなわちエスニック・マイノリティとは、「一つの社会において数の上で他の人々よりも少ない人で構成されている集団」であり、「彼らは政治的に非支配的であり、エスニック・カテゴリーやグループとして再生産されている」という（マイノリティ・ライツ・グループ 一九九六：一九三）。また、マジョリティ

／マイノリティの概念は相対的であり、一方が存在することで、もう一方も存在できる概念である。両方の関係は関連システムの境界線によって左右されており[1]、現代世界においては、この境界線は、ほとんどの場合、国家（state）の境界線である（Eriksen 1994＝2010: 148–149）。また、「人種」概念と比較してみると、人種概念は、実質あるいは想定上、祖先を同一とする際、おのおのの人口集団のもつ生物学的あるいは肉体的な特徴、血液型、遺伝子などを分類基準にすることが多いのに対して、エスニック集団または民族という概念は、互いに言語、生活様式、宗教などを基準として自他を分類する場合が多く、またこれらの概念は主観的であり、流動的・可変的である（関根 二〇〇〇：二一―二四）。

ところで、先述したオックスフォード英語辞典のエスニシティの項で、その引用例の一つとして、一九五三年にアメリカの社会学者のデイヴィッド・リースマンによる次のような説明が紹介されている。ここでは「田舎または小さな町というロケーション」などと並列して、エスニシティが用いられ、ともに「より良い教育を受けたアッパーミドル階級によって脅かされていると感じる集団」という説明がなされており、すなわち、「エスニシティ」を、旧来の「階級闘争」に取って代わる新たな社会的ヒエラルキーの中での「社会的弱者グループ」の一つとしてとらえていることがわかる。移民社会としてのアメリカ社会ならではの現実ではあるが、主にヨーロッパのさまざまな国からの移民が多数を構成し、メルティング・ポット、すなわち人種または民族の坩堝という比喩があったように、急速にアメリカ化が進んでいながらも、それぞれに異なる文化的な伝統や移民の背景などによって、「社会的弱者」として区別される集団が存在していたことがうかがえる。ここで、「誰が少数者かという問題を核にするエスニシティ概念においては、民族のみに注目するのではなく、「文化的伝統を有する集団」、中でも「社会的な弱者」への注目がより重要であることをうかがい知ることができる。

以上から、エスニック集団については、「国民国家の枠組みの中で、他の同種の集団との相互行為的状況下にありながら、なお、特有の伝統文化と我々意識を共有している人々による集団」であり、エスニシティとは「エスニック集団が表する性格の総体」である（綾部 一九九三：一三）とする定義をまずは確認しておきたい。

社会科学領域において、エスニシティへの関心が高まったのは、一九六〇年代以降であるが、その背景について、モンセラー・グィバーナウとジョン・レックス（Guibernau & Rex 1997＝2010）は、以下の三つを挙げている。

第一に、アフリカやアジアにおいて脱植民地の動きが活発化し、多くの新生国家が誕生した一連の過程が挙げられる。反植民地主義や反人種主義をめぐる議論が新しいタームの生成、普及を促した。社会学者たちはエスニシティやエスニック集団の概念を使うようになり、その中では文化的集団へのポジティブな所属感を評価する研究もみられた。

第二に、一九九〇年代初頭の共産主義社会における政権崩壊の過程以降、エスニシティに関するネガティブな局面が浮上するようになった。旧ユーゴスラビアで起きた「エスニッククレンジング（ethnic cleansing 民族浄化）」がその最たる例で、エスニシティが、内集団（in-group）に対してポジティブな所属感の創出を促しても、外集団（out-group）に対しては全体的な敵意やジェノサイドをともなうこともあり得る、ということを浮かび上がらせた事例であった。

第三に、ポストコロニアル社会や従属経済圏の国や社会から北欧への移民や、北米への再移動、そこから形成されるトランスナショナル・コミュニティをめぐる問題であった。ＥＵ社会における移民の存在は、政治的や文化的な問題、アイデンティティの問題としてとらえられた。また、彼らの中では再び北米へ移動する場合もあり、最初に定着した国民国家に対する十分なコミットメントを持たないまま、トランスナショナル・コミュニティを形成することも懸念された。言うまでもなく、アメリカにおいても、アジア、アフリカ、南米からのニューカマーの移民者は増え続いており、多文化化が進んでいる。

日本においてはどうだろうか。以上のような世界規模の時代的な背景とは、その規模や地域的な文脈が異なるものの、ある程度は当てはまるといえよう。まず、第一に、第二次世界大戦の終戦後の日本においては、旧植民地出身者である朝鮮人や中国人が一九五一年のサンフランシスコ講和条約の締結（発効は一九五二年）後、日本国籍を失うことで、在日外国人という立場になった。そして、高度経済成長期を経て、労働力不足問題の解決に向けて、一九八九年に出入国管理及び難民認定法の改正が行われ（施行は一九九〇年）、日系ブラジル人をはじめ日系南米人の来日が容易になり、急増するようになった。こうした現状を受けて、比較的新しく来日した外国人は、移住の時点や背景などが著しく異なる在日韓国・朝鮮人と区別する視点から、ニューカマー外国人と呼ばれるようになった。また、中国の改革・開放政策にともない、中国人の国外移動が世界に広がる中で、日本における在留中国人数も毎年増加し続け、二〇〇七年には在日韓国・朝鮮籍者数を上回る最大の在日外国人グループとなった。こうした中で、在日外国人のうち韓国・朝鮮籍者が占める割合は一九九〇年代から急激に落ちはじめ、二〇〇〇年代半ばには二〇パーセント台まで落ちた。言い換えると、在日外国人の集団がより多様化されたのである（金 二〇一六：一六〇―一六一）。

新大久保の概観

さて、新大久保が位置する新宿区は東京都の中で外国籍住民が最も多い区であり、新大久保の周辺はその割合が特に高い地域である。その意味では、最もエスニックな街であるといえる。新宿区では、年々、外国籍住民が増えており、新宿区の統計によると、二〇一九年一月現在、その数は全住民（三四万六一六二人）の一二・四％（四万三〇六八人）を占めている。新宿区住民八人のうち一人が外国籍者である。一九八五年から二〇一九年までの三四年間で、住民総数では三・二パーセント（一万一一八五人）が増加しているが、日本人住民数だけをみると、六・九パーセント

表1　新宿区における5年ごとの住民数の推移（1985-2015、各年1月1日現在）

年度	総人口		日本国籍人口		外国籍人口		
	人口	増加率	人口	増加率	人口	増加率	割合
1985	334,977	-1.2%	325,442	-2.3%	9,535	58.0%	2.8%
1990	312,140	-6.8%	295,437	-9.2%	16,703	75.2%	5.4%
1995	285,437	-8.6%	266,622	-9.8%	18,815	12.6%	6.6%
2000	285,197	-0.1%	263,417	-1.2%	21,780	15.8%	7.6%
2005	301,868	5.8%	273,596	3.9%	28,272	29.8%	9.4%
2010	317,355	5.1%	282,144	3.1%	35,211	24.5%	11.1%
2015	327,712	3.3%	291,696	3.4%	36,016	2.3%	11.0%

*「新宿区の統計」から作成。
** 日本国籍人口は住民基本台帳上の人口である。外国籍人口は、1980-2010年は外国人登録者であり、2015年は住民基本台帳上の人口である。

（二万二三四八人）減少したのに対して、外国籍住民は四倍以上（三万三五三三人）も増加している。一九八五年から二〇一五年までの五年ごとの外国人住民の増加率をみると、一九八〇年代後半に最も高い増加率（一九八五—一九九〇年の五年間の増加率は七五・二パーセント）をみせ、二〇〇〇年代にも五年ごとに二〇パーセント台の高い増加率（前半二九・八パーセント、後半二四・五パーセント）であった（表一）。

新宿区における一九八〇年代後半の五年間の外国人（登録者数）の増加率は、同期間の全国と東京都のそれを大きく上回っており、[2] 二〇〇〇年代にも、同様の現象がみられた（新宿区新宿自治創造研究所 二〇一一：八—九）。

国籍別にみると、意外にも、韓国・朝鮮籍者のグループはもはや最大グループではない。実は、二〇一三年まで韓国・朝鮮籍者が最大グループであったが、二〇一四年からは中国籍者に追い越され、第二グループとなったのである。[3] そして「韓国・朝鮮」と「中国」が大きな比重を占めているものの、ほかにも、ベトナム、ネパール、ミャンマー、アメリカ、フランス、タイが続いており、実に多様である。少なくとも住民の構成からは、コリア・タウンとは言えない現実もあり、そもそもマジョリティの住民は日本人である。

新大久保に限ってみると、外国人住民の集中現象はより顕著である。

大久保町一・二丁目と百人町一・二丁目における外国人住民の割合は、一九九〇年代には住民総数の一〇パーセント台だったのが二〇〇〇年には三〇パーセント台となり、二〇一六年以降には四〇パーセント台となった。「新宿区の統計」によると、二〇一六年一月現在、新大久保の住民の五人に二人が外国人である。一九九〇年代と二〇〇〇年代においても、それぞれの一〇年間で外国人が約八〇パーセントずつ増加しており、とりわけ、一九九〇年代後半から二〇〇〇年代前半に高い増加率をみせた。

実は、新大久保は、一九九〇年代初頭までは「危ないまち」、「(風俗関係の)アジア系女性の多いまち」などといったイメージを持っていた。[4]一九九〇年代前後からニューカマー外国人が急増し、この街にエスニック食材店やレストランが増え、「かつての「ホテル街と外国人女性」というネガティブなイメージから脱却し、「エスニックレストランのまち」というポジティブなイメージで語られるように」なり、一九九〇年代後半になると多文化共生というタームが広がりはじめ、新大久保は「多文化共生のモデル都市」として知られるようになった(稲葉 二〇〇八:二二)。ここでのネガティブからポジティブへの転換が、エスニシティ、またはエスニック集団へのポジティブな眼差しや所属感を意味するかどうかについては、評価を保留するが、新大久保という町の活性化という点では、確かにそのような評価もできる。

二〇〇〇年代に入ると、韓国系の店の増加が顕著になる。「二〇〇二年サッカーワールドカップ日韓大会」の共同開催をきっかけに、韓国の社会や文化への関心は一段と高まり、さらに二〇〇三年からの「冬のソナタ」ブームは、その後の韓流ブームをより加速させた。韓国ドラマの俳優たちの日本訪問や公演、放送出演が頻繁に行われる中で、たまたま韓国系の飲食店が比較的集まっていた新大久保では、飲食店のみならず、韓流グッズ・ショップをはじめ、多種多様な韓国関連店が増加していき、いつの間にか韓流タウンと呼ばれるようになったのである。日韓関係の悪化や嫌韓ムードの拡散、新大久保でのヘイトスピーチなどの影響を受けた時期もあったが、K-POPの人気が高まったことやほかのエスニック店が加わることで、今も多くの人たちが訪れている。実際に新大久保に足を運んでみよう。

新大久保へのフィールドワーク

(1) ソウル「そのもの」の新大久保

山手線の電車が新大久保駅に近づくと、車窓からは日本語学校や専門学校の広告、そして韓国語で書かれた飲食店の看板が目に入る。ホームから階段を降りてすぐのところの壁には、「外国人専門」会社の広告看板があり、そこには、外国人のモデル(黒人の男性)の笑っている顔写真とともに、部屋探しから仕事紹介、携帯電話まで「全部お任せ」という内容が書かれていた。また、駅の壁には塾の広告もあり、中国語で広告文が書かれていた。改札口を出ると、一人の男性が「新大久保・大久保 コリアタウンMAP」を配っていて、そこには新大久保の韓国の店の広告や割引クーポンも入っていた。ここからは、新大久保には韓国・朝鮮人だけではなく、その他の多くの外国人が訪れていることがわかると同時に、商店街としては韓国・朝鮮関係の店が多数であることがうかがえた。

著者が新大久保を訪れたのは、平日の午前一一時頃だったが、駅の周辺はすでに大勢の人たちで混雑していた。駅前の東西に延びる大久保通りを挟んで南北の両側には、韓国関連の店が立ち並んでいて、韓国語の看板も多くみられた。ソウル、東大門《ドンデムン》、南大門《ナムデムン》、明洞《ミョンドン》、鍾路《チョンノ》、仁寺洞《インサドン》などのソウルの地名や観光名所の名称がみられ、まるでソウルの繁華街を観光客たちとともに歩いているような感じがした。K-POP・韓流ショップ、韓国化粧品の専門店と、食材店、サムギョブサルから韓定食、ダッカルビ(鶏カルビ)、キンバップ(韓国海苔巻き)に至るまで多くの飲食店が雑多に立ち並んでいる。飲食店のメニューには、今韓国で流行っているものが多く、またハングルかカタカナで表記されているものが多い。正午前の時間にもかかわらず、行列ができている店もあり、韓国のスイーツを売る屋台の周辺にも人が並んでいて、立ったまま食べている人も少なくなかった。駅前のＫ-ＰＯＰ・韓流ショップに入ると、韓流スターやＫ-ＰＯＰスターの写真が壁に飾られており、Ｋ-ＰＯＰのＣＤや韓流ドラマのＤＶＤとビデオ、Ｋ-ＰＯＰと韓流スターのグッズが揃っていて、Ｋ-ＰＯＰの人気曲が流れていた。大久保通りを象徴する店のジャンルの一つは、Ｋ-ＰＯＰ・韓流ショップであり、その規模は、「百貨店」と名乗るほど全品揃って大型化しているところから、小規模でアイテム別に特化したところまで多様である。その中は、若者たち（特に、若い女性）で賑わっていた。新大久保のコリア・タウンは、ソウル「そのまま」であり、韓流の舞台を再現したような感じだと、近所のニューカマー韓国人の知人たちが口を揃えて言っていたが、まさにそのとおりであった。

　大久保通りから、その南側の職安通りにつながるいくつかの小道の中で、とりわけ有名なのが通称イケメン通りである。もちろん、イケメン通りとは正式な名称ではなく、この名称の由来についても、定説があるわけではない。道を歩いていると、コインロッカーが設置されていることが目に留まるが、実はコインロッカーはイケメン通り周辺だけではなく新大久保の各所に設置されていて、ここを訪れる人々には遠方からの人も少なくないことが推察できる。イケメン通りを進むと、大久保通りの名声を超えるほどの人気店や多様なジャンルのおしゃれな店が続々と現れた。そして、その店で積極的に接客をしている従業員には確かに男性が多く、この通りを歩いている人々の中には、女性が多いのも印象的で

図１　大久保通りにある韓流ショップ
（2018 年 3 月 13 日に著者撮影）

あった。イケメンが多いからイケメン通りなのか、あるいは、イケメン目当てに訪れる女性が多いからそうなのかは確かめることもできないが、韓流タウンとしての変貌の中でのユニークなネーミングであることは確かであろう。ところが、さらに職安通りに向かって南に進んでいくと、段々と通りの雰囲気は、どこかの観光地を歩いているようなウキウキ感は薄れていく。

二階建ての「ドン・キホーテ」新宿店の様子も印象的で、二つの入り口のうち、一つには通常の「ドン・キホーテ」というロゴが、もう一つには韓国語で大きく「돈키호테」（ドン・キホーテ）と書かれ、その下に日本語のロゴが少し小さく書かれていた。店舗の前にあるたこ焼きを売る屋台にも、「たこ焼き」とソースの種類が韓国語でも書かれており、とりわけ、商売の世界においては、コリアンは重要視されていることがうかがわれた。ここは、新宿区の外に住んでいる韓国人（主にニューカマー韓国人）のあいだでも有名で、横浜に住んでいる著者の周りにも定期的に買い物に訪れている人が多い。

図２　イケメン通りにある「ドン・キホーテ」新宿店

韓国語で店舗名が書かれている（2018年3月13日に著者撮影）

さて、ここまで歩いて見た新大久保では、どのようなエスニシティを観察することができたのだろうか。外国人住民が多いことはデータで確認できたが、大久保通りの街並みからは、ソウルの繁華街と変わらない場所としての新大久保が見えるだけで、ある意味では、消費や眼差しの対象としての韓国文化または韓流文化のタウンであり、またニューカマー韓国人にとっては、韓国の食品や料理、そして流行品などが手に入る便利な場所であり、友人たちとの会合でも訪れる憩いの場所であるが、それもまた消費文化の次元を超えるものではないだろう。その意味では、これまで見てきた韓流タウンとしての新大久保では、日本社会におけるエスニック集団、すなわちエスニック・マイノリティが暮らす町としての様子をうかがうことは難しかったともいえよう。

(2) エスニック・コリアンとは誰なのか

イケメン通りを抜けると職安通りである。ハローワーク新宿、すなわち旧職業安定所が通り沿いにあることが名称の由来である職安通りは、大久保通りと並んで新大久保の二大メイン通りである。ソウルの繁華街とさほど変わらない大久保通りと違って、職安通りはまだ「日本の中の「エスニック」」という感じを醸し出していた。こちらには、韓国食品食材の大型スーパーストアである「韓国広場」などがあり、生活に必要なものは何でも揃うという感じである。職安通りの南側は歌舞伎町であり、東側に行くと明治通りを挟んで新宿町と面している。二〇〇二年のサッカーワールドカップ日韓大会の際に、韓国チームの応援や若者たちの日韓交流が行われて有名になった韓国レストラン「大使館」はこちらにあったが、すでに閉店していた。韓国系のスーパーマーケットなどの店はみられるが、コリア・タウンとしての活気は、大久保通りやイケメン通りにはやや及ばない印象であった。東側(明治通りに向かって)に歩いて行くと、今まで見てきたソウル「そのまま」のコリアとは違う、もう一つのコリアが見えてきた。高麗博物館である。

高麗博物館のある建物はイケメン通りから職安通りに抜けて少し東側へ離れたところにあった。高麗博物館は、一九九〇年、在日コリアン女性の朝日新聞投稿記事がきっかけで、在日コリアンと日本人の有志たちが「高麗博物館をつくる会」を結成して以来、一一年間の準備期間を経て、二〇〇一年に「市民がつくる日本とコリア交流の歴史博物館」として開館した。同博物館のホームページには、「「高麗」は世界の共通語「コリア」の意味、つまり韓国と朝鮮をひとつにとらえた言葉」と書かれている。同博物館の目的は、①日本とコリア（韓国・朝鮮）のあいだの長い豊かな交流の歴史を、見える形であらわし、相互の歴史・文化を学び、理解して、友好を深めること、②秀吉の二度の侵略と近代の植民地支配の罪責を反省し、歴史の事実に真向かい、日本とコリアの和解、③在日韓国朝鮮人の生活と権利の確立を願いながら、在日韓国朝鮮人の固有の歴史と文化を伝え、民族差別のない共生社会の実現を目指すこととなっている。(5) 以上からは、この高麗博物館の活動において想定されている「在日韓国朝鮮人」または「在日コリアン」は、新大久保のニューカマー・コリアンとは異なるエスニシティであるということがうかがえる。

ここで「在日」の意味を考える必要がある。「在日」の文字どおりの意味は、「外国人が日本に滞在、または居住していること」であるが、「在日韓国・朝鮮人」という場合は、「一九四五年、すなわち第二次世界大戦の敗戦により帝国日本が解体される前には、日本の国民、または皇国臣民の身分または地位であった朝鮮半島出身者とその子孫」を意味する。法的には、「特別永住」という在留資格をもつ人々を指す。簡単に「在日韓国・朝鮮人」の法的地位の変遷をたどってみよう。一九五一年のサンフランシスコ講和条約締結以前は、GHQによって「日本国籍」を有する者とされたが、講和条約成立（一九五二年四月）の後に、日本政府は、旧植民地出身者（朝鮮、台湾）に対して「日本国籍からの離脱」を決め、「在留資格を有することなく本邦に在留」できることを定めたのである。その後、日韓法的地位協定（一九六五年六月）に基づいて、韓国籍の申請者には「協定永住」という在留資格を新たに設け、認めるに至った（一九八〇年当時三五万人）が、韓国籍を選択しないで、そのまま「資格なし在留」の該当者に対しては、出入国管理令を一部改正して（一九八二年一月）、「特例永住」を認めた（主に朝鮮籍の者、二七万人）のである。そして、これらが「特別永住」という在留資格に一本化されたのは、一九九一年五月の入管特例法（正式には「日本国との平和条約に基づき日本の国籍を離脱した者等の出入国管理に関する特例法」）においてである。一九四五年から数え四六年。ここにようやく在日朝鮮人の法的地位が確定し、日本永住が保障されるに至った。(6)

以上のような新大久保における二つのコリアン、いわば、韓流タウンのコリアンと職安通りまたは高麗博物館のコリアンという二つのカテゴリーは、空港の入国審査台でも同じように具現されている。「日本人」「再入国の外国人」「外国人」という三つのカテゴリーであるが、実は「日本人」というカテゴリーには、小さい文字で「特別永住者」が加えられている。ここでいう「特別永住者」が、すなわち「高麗博物館」がその活動の目的の一つとして掲げている「生活と権利の確立を願いながら、固有の歴史と文化を伝え、民族差別のない共生社会の実現を目指すこと」の第一義的な主体である「特別永住者としての在日韓国・朝鮮人」なのである。

高麗博物館からもう少し東側へ進み、韓国の店はほとんどみられなくなったところに、古いマンションの建物と韓国語の文字が見えてきた。その建物の一階には、いくつかの韓国関連会社やレストラン、居酒屋が入っており、すぐ側には、新宿区の掲示板が立てられていて、それを挟んで韓国国際結婚情報サービス会社の大きな広告が二つ並んでいた。一つには「目指します。成婚率八〇％!! 韓国人との結婚」と大きな文字で書かれており、もう一つには、「今こそ!! 韓流+婚活→韓活」という見出しの下に会員加入費用の情報が、「若い方、年配の方、再婚の方 韓国人の理想のパートナーを見つけてみませんか?」というフレーズとともに書かれていた。ここでの結婚仲介の実態については、確認できるデータを見つけにくいが、韓国人、すなわち本国人との結婚を希望するコリアンが主なターゲットであるかもしれない。

(3) 町としての新大久保、そしてヘイトスピーチ

新大久保フィールドワークもここまで、としたところで、これまで来た道を戻って行くこととしよう。すると、これまでとは違った様子が目に入ってくる。生活空間としての新大久保である。もともと新宿の周辺部であるこの地域には、以前からここにあった（建て直した場合や新しくできた場合もあろうが）住宅やマンション、保育所や小学校、

神社、菓子屋、靴屋、葬儀関係会社なども存在している。コリア・タウンやエスニック・タウンと言われながらも、普通のタウンの風景もあり、逆にいうと、稲葉の指摘のように「細街路の思わぬ場所に外国人の店やレストランができ」（稲葉 二〇〇八：二一）、町の風景を変えたわけである。ほかのエスニック・タウンと新大久保を比較してみると、たとえば、横浜の中華街では、大きな区画が設定されていて、そこの中の界隈は、まさにチャイナ・タウンそのものであるが、新大久保はそうではない。ごく普通の商店街にエスニック店が多く入っている印象であり、また裏の小道では、普通の住宅街もみられるのである。すなわち、「町」としての新大久保も存在しており、そこでは、マジョリティ社会としての日本社会があり、そこに異質の文化をもつエスニック集団が混ざっているのである。そのためなのか、大久保通りやイケメン通りを歩く際には、さまざまな生活上の注意を喚起させる警告文がみられた。交番前の拡声器からはルールの厳守に関する注意事項が流されており、また、住宅街の壁などには生活上の苦情を訴える内容が書かれた紙が貼られており、多文化化がもたらす摩擦や軋轢もあることをうかがわせた。

また、近年の新大久保では、排外主義市民グループによるヘイトスピーチがたびたび行われている。近年、ヘイトスピーチをともなうデモが年間数百件を超えており（公益財団法人人権教育啓発推進センター 二〇一六）、その主なターゲットは第二次世界大戦の終戦前後から日本に住んでいた旧植民地出身者の韓国・朝鮮籍と彼らの子孫たち、つまり、在日コリアンである。排外主義市民グループは、在日コリアンに在留資格や生活保護受給などの面で特権が与えられていると主張するが、具体的な根拠を示しているというよりは、特定の民族集団への嫌悪感を助長しているデモ活動を展開している。中でも、「在特会」（在日特権を許さない市民の会）は、数年前から新大久保でデモ活動を展開しているが、これまで述べてきたような新大久保における多様なエスニシティに鑑みると、その選択には合理的な根拠は考えにくい。新大久保は必ずしも「在日」の街・町だけではないためである。しかし、在特会の主張が、「在日特権」をターゲットとしながらもその批判の矛先が広く「韓国・朝鮮」または外国人に向けられていることを考えると、ある意味では、彼らの運動が、排外主義に基づくナショナリズムの運動であることを物語っているともいえ（樋口二〇一四）、「在日」はその運動のためのスケープゴートとして選択されているといえる。しかも、近年の新大久保には、その「在日」のエスニシティよりは、むしろ「ニューカマー・コリアン」や、消費文化としての「韓流文化」が顕著になっていき、それが街の活性化にもつながっていたことを考えると、なお首を傾げざるを得ない。その一方で、排外主義市民グループにとって、あるいは、日本社会全体においても、エスニシティにおける主観的な側面、マジョリティ／マイノリティの関係性、相対性、そして流動性などへの理解が不十分であるところで、その「ずれ」は生じているのだとすると、納得がいくかもしれない。

なお、これらのヘイトスピーチの広がりについては、国連からも、人種差別的であるとの指摘があり、ヘイトスピーチ対策法、正式名称「本邦外出身者に対する不当な差別的言動の解消に向けた取組の推進に関する法律」が制定され、二〇一六年六月より施行されている。

おわりに

新大久保のエスニック・タウンは、とりわけ、二〇〇〇年代に韓流ブームが追い風になり、コリア・タウンの拡大が著しく進んだ。その一方で、現在は、コリア・タウンをメインにしながら、中国・台湾の大型スーパーやムスリムの街も形成されているなど、多種多様なエスニック店が共存するエスニック・タウンとなっている。とりわけ、韓国系の店が比較的少ない新大久保駅の西側には、近年、中国・台湾とネパール、ベトナム、ムスリムの店が増え、駅周辺の小道には小規模のムスリム街も形成されている。そこには、ハラル(7)の食材や料理などを求めるムスリムの人たちをはじめ、若者たちの観光客の姿がみられる。比較的安い賃貸料のためなのか、あるいは、そのほかの要因があるのかは定かでないが、新大久保が、さまざまな地域からの移住者が重なり合う「トランスナショナルなコミュニティ」として展開されていく可能性も垣間見える。

二〇一六年一月現在、この地域における外国人住民の割合は四〇パーセントを超えている。コリア・タウンに焦点を当てて考察したところ、現在のコリア・タウンは、店の経営者やスタッフ、アイテム、店やメニューの名前と表記方法などに至るまで、ニューカマー中心で、韓国のソウルの街、韓流ドラマの舞台を再現しているように見えるところが多かった。また、新大久保には、在日コリアンの歴史や現状、権利を発信する高麗博物館や、韓国人との結婚を斡旋する結婚情報サービス会社の存在もあり、コリアン・エスニック集団における複合性、そしてポストコロニアルの問題とも絡み合っている現実がうかがえた。そして、その街には、ほかの多くのエスニック店の存在、昔からの住宅街や生活を支えるさまざまな店からなるまちの風景も共存していることがうかがえた。新大久保は、多くのエスニック集団が日本人とともに共存し、多くの人たちが訪れる場所となっているが、一方では、排外主義市民グループによるヘイトスピーチが何度も行われた場所でもあることが確認でき、観光地としての「コリア・タウン」「エスニック・タウン」というイメージとともに、「他者」「彼ら」というポジションも新大久保に共存しているところがうかがわれた。

注

(1) トーマス・ハイランド・エリクセンは、インドのシーク教徒の集団が、インド全体ではマイノリティであるが、パンジャブ州だけを基準にするとマジョリティになることを例として挙げて、マジョリティ／マイノリティの関係は、境界線が新しく引かれることで変化することも考えられると述べている（Eriksen 1994=2010:149）。

（2）一九八五年から一九九〇年までの五年間の外国人（登録者数）の増加率は、全国が一七・一パーセントに対して、東京都は五二・一パーセント、新宿区は七五・二パーセントである（新宿区新宿自治創造研究所 二〇一一：八―九）。

（3）全国では二〇〇七年に中国籍者が最大のグループとなっていた。

（4）長期にわたって新大久保の外国人住宅問題などを調査してきた稲葉（二〇〇八）は、新大久保の街が「過去一〇年、一五年のあいだに驚くべき変貌を遂げてきた」ことを強調する際に、かつての「大久保は、JR山手線沿線であるにもかかわらず、東京の人でも、ついこのあいだまでは、よほど特別な用事がない限り途中下車するようなまちではな」く、一九九〇年に外国人住宅問題を調査しにこの地域を訪れたのも、「ニューカマーと呼ばれる外国人が急増し、地域でさまざまなトラブルが発生していると聞いたからだ」と述べている（稲葉 二〇〇八：二〇―二一）。

（5）高麗博物館ホームページ（http://kouraihakubutsukan.org/）より。

（6）小沢有作「在日朝鮮人問題」『日本大百科全書』電子版より。

（7）ハラル（ハラール）とは、イスラムの教えで「許されている」という意味のアラビア語。食べ物に関しては、野菜、果物、魚、卵、牛乳と、イスラムの方式に則った方法で畜産加工処理された食肉、あるいはその派生物を指す。「豚」は、その派生物を含めたすべてが禁じられているので、「禁じられているもの」＝「ハラム」である。

［参考文献］

綾部恒雄『現代世界とエスニシティ』弘文堂、一九九三年。

稲葉佳子『オオクボ都市の力――多文化空間のダイナミズム』学芸出版社、二〇〇八年。

金兌恩「社会の多文化化と政策の対応――日韓比較の視点から」『応用社会学研究』第五八号、立教大学社会学部、一五九―一七四頁、二〇一六年。

関根政美『多文化主義社会の到来』朝日新聞社、二〇〇〇年。

樋口直人『日本型排外主義——在特会・外国人参政権・東アジア地政学』名古屋大学出版会、二〇一四年。

福岡安則『在日韓国・朝鮮人——若い世代のアイデンティティ』中央公論社、一九九三年。

マイノリティ・ライツ・グループ『世界のマイノリティ事典』明石書店、一九九六年。

水野直樹／文京洙『在日朝鮮人——歴史と現在』岩波書店、二〇一五年。

安田浩一『ヘイトスピーチ——「愛国者」たちの憎悪と暴力』文藝春秋、二〇一五年。

Eriksen, Thomas Hylland, *Ethnicity and Nationalism: Anthropological Perspectives*, 3rd ed., Pluto Press, 1994=2010.

Glazer, Nathan and Daniel P. Moynihan eds., *Ethnicity: Theory and Experience*, Cambridge, Mass.: Harvard University Press, 1975（＝内山秀夫訳『民族とアイデンティティ』三嶺書房、一九八四年）。

Guibernau, Montserrat and John Rex eds., *The Ethnicity Reader: Nationalism, Multiculturalism and Migration*, 2nd ed., Polity, 1997=2010.

【資料】

公益財団法人人権教育啓発推進センター『ヘイトスピーチに関する実態調査報告書』（平成二七年度法務省委託調査研究事業）二〇一六年。
高麗博物館のホームページ（http://kouraihakubutsukan.org/）。
新宿区「新宿区の統計」https://www.city.shinjuku.lg.jp/kusei/index02_102.html.
新宿区新宿自治創造研究所『研究所レポート二〇一〇　外国人ＷＧ報告１』二〇一一年。

COLUMN

映画館へ行こう

平田　由紀江

韓国映画を観れば韓国社会がわかる、というのはまんざら大げさな話でもない。とりわけ近年では、韓国の「社会問題」に切り込んだ作品や、近代史をモチーフにした作品が数多く制作されており、それらが興行的成功を収めていることも多い。一九九九年に公開された『シュリ』を皮切りに、二〇〇〇年代の興行収入一位には、朝鮮戦争を背景とした作品が数多く含まれている（『ＪＳＡ』（二〇〇〇）、『シルミド』（二〇〇三）、『ブラザーフッド』（二〇〇四）、『トンマッコルへようこそ』（二〇〇五）など）。

また、多文化家族をテーマとした同名の小説が原作の『ワンドゥギ』（二〇一一）や、人気作家・孔枝泳の同名小説が原作で、光州市のろうあ者福祉施設で行われた入所児童に対する性的虐待がモチーフとなった『トガニ　幼き瞳の告発』（二〇一一）など、韓国の社会的イシューに深く切り込んだ作品も、広く観られ話題となった。『トガニ』は映画公開後に通称「トガニ法（障碍者女性や一三歳未満の児童への性的虐待を厳罰化と公訴時効を廃止する法律）」が制定されるなど、映画公開は社会を動かした。

参考までに二〇一七年の一位（韓国映画歴代ボックスオフィス一一位）は、光州民主化運動の際の実話をもとに描いた『タクシー運転手　約束は海を越えて』で、一九八〇年五月の光州を取材した実在のドイツ記者であるユルゲン・ヒンツペーターと、彼を光州まで乗せたタクシー運転手の話が映画のモチーフとなっている。

というわけで、ソウルに行ったらぜひ足を運びたい場所の一つが、映画館である。上映されている映画だけではなく、映画館という空間からもいろいろなことが見えてくるだろう。江辺ＣＧＶ（ＣＪエンターテインメント）という、韓国ではじめてのマルチプレックスの映画館がオープンしたのは一九九八年のことである。以降、大型の投資配給会社が映画産業で重要な地位を占めるようになった。現在、ソウルの街を歩けば、ＣＧＶをはじめ、ロッテシネマやメガボックスといった大型のマルチプレックス映画館が目につく。

一方で、低予算のアート系映画やドキュメンタリー映画（韓国ではこれらを「多様性映画」と呼ぶ）を上映するような単館の映画館は消滅しつつあったが、二〇〇一年に「ワラナゴ」と呼ばれた、映画ファンたちによる「小さな映画」の観覧運動が起こるなど、韓国映画の多様性確保の試みは継続されているといえる。「ワラナゴ」とは、興行的には成功しなかったが良作である『ワイキキ・ブラザーズ』（イム・スルレ監督、二〇〇一年）など四作品の頭文字を合わせた言葉だ。また、女性を中心とした観客が映画観覧運動を行い話題になった例としては、児童虐待を扱った『ミス・ペク』（イ・ジウォン監督、二〇一八年）も挙げられる。

独立映画専門映画館としては、ソウル劇場内にあるインディースペース、映画振興委員会が運営するインディープラスがある。ほかにも、芸術映画上映専用のシネキューブ光化門など個性的な映画館がソウルには点在している。こうしたミニシアターは、大学内にもある。二〇〇八年に一般観客向けに開館した梨花女子大学内の「アートハウス モモ」、建国大学内にある「KUシネマテーク」なども、アート系映画を上映する。

また、シネマコンプレックス内にもアート系映画専用の上映館がある。CGVアートハウス狎鴎亭専用劇場や、メガボックスが提携運営する「メガボックスアートナイン」はどちらも江南地域にある。

韓国映画、そしてソウルの映画館から見える風景から、韓国社会について考えてみるきっかけがみつかるかもしれない。

おわりに

ソウルを訪れるたびに、そのダイナミックな変化と、それとは対照的で、静かに変化しないように思われるものとの、ときに壮絶な関係を肌で感じる。それは、衝突、葛藤、そして調和などさまざまなかたちで目の前に現れたり、現れなかったりする。

その変化は、内側から起こるものもあれば、グローバル化した世界の変化と相まって、外側からやってくることも多い。

その場所、そしてその場所を取り巻く歴史や社会を注視することの重要性は指摘するまでもないが、ありふれた日常の会話に、テレビで流れるニュースに、流行している書籍やドラマ、インターネット、あるいは映画の中に、また、道行く人々や街の表情の些細な変化に目と耳と全身を傾けること、それはフィールドワークの醍醐味でもあり、その場所その社会をきちんと知り理解していく重要なプロセスのひとつでもある。

本書はそうしたフィールドの読み解き方、かかわり方の事例を示したものである。断っておきたいのは、フィールドの読み解き方、かかわり方はひとつではなく、そのうえ、場所は、日々変化するということだ。それは空間的な変化の場合もあるし、まなざしのありかたに起因する、場所の意味の変化という場合もある。そして、書き手自身もその変化の一部となりうることも意識する必要があるだろう。

本書はまた、「Ⅰ 街は誰のものか」「Ⅱ「記憶」に立ち止まる」「Ⅲ「移動」の諸相」「Ⅳ「他者」を考える」というテーマ別に構成されている。読者は、これらのテーマに沿って、「ある場所」について考察してみることもできる。その際の、「ある場所」は必ずしもソウルに限らずともよい。もっと身近な場所や、あるいは遠くの場所から考察をはじめてみることもできる。

本書の一部は、二〇一五年一一月一四日に獨協大学で行われた国際シンポジウム『ソウルを読み解く――メディア文化・記憶・空間』（主催：獨協大学国際教養学部）での発表と討論がもとになっている。

このシンポジウムは、韓国の現代文化を理解するために重要な諸問題、とりわけメディア文化や歴史・記憶の立ち現れ方に注目し、韓国・ソウルの諸空間を分析する方法を模索することを目的として開催された。主に韓国を研究のフィールドとしている日本と韓国の研究者がつどい、有意義な議論が交わされた。

シンポジウムからかなり時間が経ってしまったが、シンポジウムに登壇してくださった方々に、そして編者の一人（平田）の古巣である獨協大学国際教養学部の同僚、学生、スタッフの方々に、あらためて深く感謝したい。常に自由な雰囲気の中で、研究活動やシンポジウム開催ができたことを心から幸せに思う。

また、本書の出版にあたり、関西学院大学の山泰幸さん、関西学院大学出版会の方々にはたいへんお世話になった。ほんとうにありがとうございました。

平田　由紀江

ま

や

ら

索　引

あ

か

平田　由紀江（ひらた　ゆきえ）—　第Ⅲ部第5章、第Ⅱ部・第Ⅳ部コラム、あとがき、第Ⅰ部第2章翻訳、第Ⅳ部第6章翻訳

1973年北海道生まれ。現在、日本女子大学人間社会学部現代社会学科准教授。専門はメディア・文化研究、社会学。共編著に『韓国家族——グローバル化と「伝統文化」のせめぎあいの中で』（亜紀書房、2014年）、訳書に『韓国ポップのアルケオロジー　1960-1970年代』（月曜社、2016年）などがある。

森　類臣（もり　ともおみ）————————　第Ⅲ部第4章

大谷大学学習支援室学習支援アドバイザー／非常勤講師。立命館大学コリア研究センター客員研究員。同志社大学嘱託講師。近畿大学非常勤講師。専門は政治社会学（ジャーナリズム論）、歴史社会学、地域研究（韓国・朝鮮）。共著に『メディアと文化の日韓関係——相互理解の深化のために』（新曜社、2016年）、共訳書に『不屈のハンギョレ新聞——韓国市民が支えた言論民主化20年』（現代人文社、2012年）などがある。

山中　千恵（やまなか　ちえ）————　はじめに、第Ⅱ部第3章、第Ⅰ部・第Ⅲ部コラム

1972年兵庫県生まれ。現在、京都産業大学現代社会学部現代社会学科教授。専門は社会学、マンガ研究。共著に『マンガ・アニメで論文・レポートを書く』（ミネルヴァ書房、2017年）、共編著に『マンガミュージアムへ行こう』（岩波書店、2014年）などがある。

【著者略歴】(50 音順)

李　泰東（い　てどん）―――――――――――― 第Ⅰ部第 1 章

1975 年ソウル生まれ。現在、延世大学校政治外交学科副教授。専門は環境、エネルギー、市民社会、都市政治。業績に、*Global Cities and Climate Change: The Translocal Relations of Environmental Governance*, Routledge, 2015.（単著）、『討論で学ぶ環境－エネルギー政治』（チョンソンメディア、2017 年、単著、韓国語)、『マウル学概論』（プルンキル、2017 年、代表編著、韓国語）などがある。

金　志允（きむ　じゆん）―――――――――――― 第Ⅳ部第 6 章

1976 年ソウル生まれ。現在 Singapore University of Technology & Design（SUTD）博士後研究員。研究分野は都市社会学、アジア文化研究、社会学。業績：*Cities*、*Urban Studies* など海外ジャーナルに収められた論考が多数ある。また、『都市再生とジェントリフィケーション』(ハヌル、2018 年、分担執筆、韓国語)、『ソウル、ジェントリフィケーションを語る』(プルンスプ、2017 年、分担執筆、韓国語)などがある。

金　兌恩（きむ　てうん）―――――――――――― 第Ⅳ部第 8 章

1968 年ソウル生まれ。現在、立教大学平和・コミュニティ研究機構特任研究員、社会学部兼任講師。専門は多文化共生論、社会学。論文に「公教育における在日韓国・朝鮮人の民族教育と多文化共生教育の相互作用」（京都大学博士学位論文、2012 年)、「韓国の多文化化と中国朝鮮族」（『応用社会学研究』第 60 号、立教大学社会学部、2018 年）などがある。

申　鉉準（しん　ひょんじゅん）―――――――――――― 第Ⅰ部第 2 章

1962 年ソウル生まれ。聖公会大学校東アジア研究所／国際文化研究学科（大学院）副教授。文化研究のパラダイムを基礎として韓国とアジアの大衆文化を研究し、国際移住と都市空間にその研究分野を広げている。国際ジャーナル *Inter-Asia Cultural Studies* 編集委員、*Popular Music* 国際顧問委員を、シンガポール国立大学、オランダ・ライデン大学などにて訪問教授、訪問研究員を歴任している。

羅　一等（な　いるどぅん）――――――― 第Ⅳ部第 7 章、第Ⅰ部第 1 章翻訳

1978 年生まれ。現在、専修大学人間科学部社会学科兼任講師。専門は社会調査法、社会保障やジェンダーをめぐる社会意識、教育社会学。訳書に『The Working Poor: Invisible in America（Shipler, David K.)』韓国語版（フマニタス、2009 年)、『女ぎらい（上野千鶴子)』韓国語版（ウネンナム、2012 年）などがある。

ソウルを歩く
韓国文化研究はじめの一歩

2019年9月30日初版第一刷発行

編　著　平田由紀江　山中千恵

発行者　田村和彦
発行所　関西学院大学出版会
所在地　〒662-0891
　　　　兵庫県西宮市上ケ原一番町1-155
電　話　0798-53-7002

印　刷　協和印刷株式会社

Printed in Japan by Kwansei Gakuin University Press
ISBN 978-4-86283-285-6